シネマでなりきり英会話

銀幕でお食事を

大月敦子

MP
Metropolitan Press

イラスト：**長谷川志津子**

はじめに

“英語を楽しく身に付けたい” そんな人におすすめするのが、洋画や海外 TV ドラマの利用だ。ただし日本語吹き替えや日本語字幕を使って観ていては効果は期待できない。英語音声・英語字幕で視聴するというと、ハードルが高いと思われるかもしれないが、コンテクスト（文脈）を手掛かりにすれば案外そうでもない。

本書を片手に、「料理と食事」をテーマに集めた名作品を楽しく視聴しながら、勉強感のない誰でも簡単にできるインストラクション（本書オリジナル）に沿ってチャレンジしてはどうだろうか。

日本語字幕を介さずに、洋画や海外 TV ドラマを英語の生音声で楽しむことができて、英語字幕を見ながら、英語音声と一緒に登場人物になったつもり（ナリキリ）で音読すれば、英語が話せるようになるのも、そんなに遠い夢の話ではないはず。

▼映像と一緒に英会話のメリット

英語を話せるようになりたいけれど、勉強はちょっと…という人におすすめなのが、洋画や海外ＴＶドラマを使った学習だ。この学習の第一のメリットは「勉強感がなく楽しい」ことだ。好きな映画やドラマであれば、なおさら勉強感はないだろう。

第二のメリットは「学習の継続」が期待できることだ。視聴するのが名作であれば、なおさら効果は絶大だ。名作であれば、飽きずに視聴し続け学習が継続するからだ。さらに第三のメリットは「人生を豊かにしてくれる」ことだ。人との出会いが人生においてかけがえのないものであるように、名作との出会いも同様だ。作品に込められたメッセージが、一筋の光となって暗闇を照らしてくれるにちがいない。

そして第四のメリットが、英会話練習法として本書一番のおすすめであるアフレコ練習ができることだ。アフレコとはアフター・レコーディングの略だ。本来は撮影した映像に合わせて音声や音響効果音を録音することをいうが、本書では、出演者になりきって英語の台詞を真似て、映像に合わせて話すことをいう。

英語音声・英語字幕を使って、出演者になりきって台詞を真似、「ナリキリ英会話」に楽しく挑戦するのはいかがだろうか。英語の台詞に合わせてアフレコ練習をすれば、英語でのスピーキング力の向上はもちろん、発音もネイティブスピーカーに近づくことは間違いない。

注：詳細については「本書の使いかた」の「3. アフレコでナリキリ練習」を参照願いたい。

▼なぜ「食」をテーマにするのか

本書では「食」をテーマに 12 の名作映画・ＴＶドラマを選び、筆者なりの見地から、「食」に込められたメッセージ、背景となる文化・歴史について、英会話にまつわる小咄を交えながら書いている。

なぜ「食」なのか。それは食べることは私たち人間にとって、日常生活の中で行う最も大切な営みの一つだからだ。外国語を学ぶということは、言葉だけでなく、その文化や歴史、そして人々を学ぶことであり、大切な営みである「食」を通してそれらを学ぶことでもあるからだ。映画やＴＶドラマの製作者たちは、台詞・映像・音響などを介して、メッセージやその背景を伝えようとしているともいえる。

映画やＴＶドラマでは、台詞や筋書きから伝えられる明示的なメッセージだけでなく、映像・音響から伝えられる暗示性の高いメッセージが視聴者の解釈に委ねられることも多い。この両方のメッセージがあるからこそ作品は深みをもち、時には製作者の意図を越えて視聴者に訴えかけ、面白い作品に仕上がる。そしてその映像に映し出されるものから見えてくるメッセージは作品の文脈を構成する。言い換えれば「食」の映像から見えてくるメッセージも文脈の一部と考えることができるだろう。

幸いなことに、近年のグルメブームもあって「食」に対する意識が高まり、食事場面が映像に映し出されることが多くなった。そこから思いがけないメッセージを読み取ることができた時は、楽しさが倍増するにちがいない。

▼ 文脈をつかめば英語音声・英語字幕も怖くない

言葉の意味は、文脈によって表す意味が異なるため不安定だ。私たちは日常会話の中で、この不安定な言葉の意味を文脈に応じて使い分けている。言葉とは概念であるといわれる所以である。

母語であれば言葉も文脈も容易に理解できるだろう。だが、外国語となればそうはいかない。そこで先に文脈を頭に入れておけば、英語音声・英語字幕で視聴するのが不安な人でも楽しむことができる。このアプローチを本書では「コンテクスト・アプローチ（Context Approach）」と呼んでいる。外国語の習得に文脈の役割が大きいことから、それを逆手にとって、先に文脈を意識しながら視聴することで英語力の不足を補おうという学習法だ。

もちろんこの学習法だからといって、最初から100％台詞が聞き取れれたり、理解できるレベルには至らないが、何回かくり返し視聴すれば必ず聞き取れるようになるだろう。

映画やＴＶドラマでは、複数の文脈（話の道筋）が重なりあったり、同時進行したり、交互に進行しながら物語が展開される。じつは、私たちは日常会話の中でも、会話をする相手についてある程度のことを承知の上で会話を進めている。時には会話がどの方向に向かうのかを無意識のうちに期待しつつ会話を進めている。イギリスの心理言語学者ポール・グライス（Herbert Paul Grice , 1913-88）の「協調の原理（Cooperative Principle）」によれば、そもそも会話とは、互いが言わんとすることを無意識の内に読み取り、了解しつつ進んでいくものである。つまり、文脈を意識することで、英語の台詞も予測することができると考える。

本書が「食」をテーマにしているのも、文脈を意識しているためでもある。それによって12作品それぞれの文脈理解度を高め、映画のメッセージの読み取り力（リテラシー力）を促し、会話予測力を高め、英会話力の向上につなげることを提案している。映画やＴＶドラマで英会話を勉強したいのだけれど…英語音声・英語字幕で観るのは難しそう…という方にこそ「コンテクスト・アプローチ」は有効な学習法だと考える。

注：「コンテクスト・アプローチ」の詳細については「本書の使いかた」の「2. コンテクスト・アプローチ」を参照願いたい。

▼ 英語の発音・抑揚・アクセントの修正

日本語の発音は母音（a.i.u.e.o）中心である一方、英語の発音は子音中心である。そのため日本人が英語を発音するとどうしても母音をはっきり発音してしまいがちだ。また日本語はあまり抑揚がなくフラットなため、英語の強弱やリズムの習得が難しい。言葉の発音は、人間の体の一部である喉や気管、口などの運動を伴うため、頭で考えたことが、そのまますぐに実行される訳ではない。習得には時間がかかる。そこで、アフレコを行って「ナリキリ練習」で発音や抑揚を修正するのはどうだろうか。

本書の使いかた
（英会話練習用として）

映画やTVドラマを利用して英会話の勉強や練習をするのには、楽しく学べる、勉強感が無い、日常会話表現が学べる、好きな時に好きな場所で学べる、背景となる文化が学べるなど、様ざまな理由があるだろう。

しかし、ただ漠然と観ているだけでは、成果はそれほど期待出来ない。そこで、映画やTVドラマで英会話を勉強したい、練習したいという人への効果的な勉強方法・練習方法を次に提案する。

1. 英語音声、英語字幕（自動字幕生成機能も含め）を使う

人間は弱いもので、映像の音声を英語にしても、字幕が日本語であれば日本語字幕の方に目がいってしまう。どうしても日本語字幕で確認したいということであるなら、ピンポイントに日本語字幕にするか、英語と日本語字幕を交互に代えることをお勧めする。しかし、あくまでも英語音声・英語字幕が基本だ。なお全ての洋画やTVドラマが英語字幕付きとは限らないので、作品選びには注意が必要だ。

最近では版権切れの映画をインターネットで無料視聴することができる。しかも英語字幕に切り替え可能な自動字幕生成機能がついているものもあるので、それを選んで視聴してほしい。またYouTubeサイトでは、多くの英会話プログラムを英語字幕付きで視聴することができる。英会話練習の環境が整いつつあるようだ。

〈Point〉
・英語音声・英語字幕付きのDVDを選ぶ。

・英語音声・英語字幕を選べる有料サイトの会員になる。
・版権切れの作品をインターネットで視聴する。

次のインストラクションを利用すれば、英語のレベルに応じて、音声と字幕を、英語や日本語に換えて複数回視聴するだけで、英語リスニング力や英文速読力のアップが期待できる。一つの作品を８回視聴するのだが、英検や TOEIC、TOEFL などのリスニング対策にもなるだろう。

実施回ごとに、指定された字幕と音声、注意点に留意して視聴し、実施日を記入するだけなので、簡単で勉強感がない。それゆえ継続が期待できる。是非、チャレンジしてみてはどうだろうか。

【初級者向けインストラクション】

映画の題名

実施回	字幕	音声	注意点	実施日
1回目：	日本語	英語	日本語字幕を参考に台詞を理解	月　日
2回目：	英語	英語	力試し	月　日
3回目：	日本語	英語	日本語字幕と英音声を照らし台詞を理解	月　日
4回目：	英語	日本語	単語の意味を辞書で確認	月　日
5回目：	日本語	英語	日本語字幕と英音声を照らし台詞を確認	月　日
6回目：	英語	日本語	英語字幕の確認	月　日
7回目：	英語	英語	成果確認	月　日
8回目：	なし	英語	最終成果確認	月　日

【上級者向けインストラクション】

映画の題名

実施回	字幕	音声	注意点	実施日
1回目：	なし	英語	リスニング力試し	月　日
2回目：	英語	英語	英語字幕の確認／単語確認は不要	月　日
3回目：	なし	英語	リスニング力試し	月　日
4回目：	英語	英語	英語字幕の確認／辞書で単語確認	月　日
5回目：	なし	英語	リスニング力試し	月　日
6回目：	日本語	英語	理解に自信が無い部分だけ日本語字幕	月　日
7回目：	英語	英語	理解に自信が無い部分だけ英語字幕	月　日
8回目：	なし	英語	最終成果確認	月　日

2.「コンテクスト・アプローチ」

そして英音声・英字幕で英会話学習を容易にしてくれるのが、本書が提案する「コンテクスト・アプローチ」“Context Approach” だ。文脈を意識して視聴することで、次の会話を予測し、英語力の不足を補ってくれる。それぞれの作品の最後に、文脈が提示されているので、映画を視聴する前に各作品の文脈を確認しよう。（次ページに例を示す）

英音声・英字幕で英会話学習！「コンテクスト・アプローチ」
文脈を手がかりにすれば、英語力不足なんて怖くない！

文脈１．AIが作り出すMATRIXの仮想現実の実態を知る人間とAIとの戦い。
文脈２．現実世界の事実を知る人間達が仲間を集めゲリラ戦を準備しMATRIXの世界に挑む。
文脈３．救世主（the One）として選ばれたNeoが、真実を知るにつれて自分の能力に目覚める。
文脈４．NeoとTrinityの愛。

文脈を意識して視聴することで、次の会話を予測し、英語力の不足を補ってくれるのだ。各映画の本編を読んだ後、英語力に不安な人は、視聴する前に各作品の文脈を確認しよう。

3．アフレコで「ナリキリ練習」

英語の台詞だけでなく、発音・抑揚（ピッチ）・アクセントの強弱なども真似よう。以下は特に注意して練習したい点だ。

① 発音：・RとLの発音の違い（日本人はRの発音が最も苦手）
・リエゾンをつける（Can I / Not at all）
・母音は弱く、子音は強く発音することを心がける
② ピッチ（抑揚）：コツは発音する時に体を前後に動かすことだ。
③ アクセント（強調）：強く発音するアクセントを意識すれば、弱い音はおのずとついてくるので、まずはアクセントから。基本的には、内容語（意味を持つ語）は強く、機能語（文法機能を持つ語）は弱く発音することにも留意したい。

④ 間合い：感嘆詞の後、言い淀みの後に意識して間合いを入れる。
⑤ ボディー・ランゲージ：話をしている役者の振りを真似る。

映画の台詞の量は膨大だ。一つの作品あたりの台詞の量は、少ないものでもA4用紙20枚を超える。中には30枚、40枚というものもある。だから台詞の全部でなくとも、一部をアフレコして「ナリキリ練習」しても良い。全てを練習すればかなりの練習量になる。映画の場合、上映平均時間は2時間だから、かなりの英語のインプット量を短時間の間に目から耳から、そして喉から吸収することになる。またとない英語のインプットが確保できるチャンスと考えれば、恐れる量ではない。

目 次

はじめに　*3*

本書の使いかた　*7*

第１話　*15*

カナダ開拓者たちの食事

『アンという名の少女』

クッキー、ジャム、井戸水、蜂蜜、クリスマスディナー

第２話　*25*

アメリカ人のソウル・フード

『ヘルプ』

フライドチキンとトウモロコシパン

第３話　*35*

アフタヌーンティーという食文化

『レベッカ』

サンドウィッチとスコーン

第４話　*49*

地方の中流貴族たちの食卓

『高慢と偏見』

イングリッシュ・ブレックファースト

第５話　*57*

冒険の先々で

『インディ・ジョーンズ　失われた聖櫃』

アメリカの林檎、ネパールの酒、エジプトのナツメヤシと水たばこ

第６話　*67*

空港内で暮らす人びと

『ターミナル』

ポテトチップス、ハンバーガー、機内食、カンタローニ

第７話　*77*

生き方を食に例えて

『フォレストガンプ / 一期一会』

人参と豆、エビ料理、チョコレート

第８話　*89*

働く女性たちとニューヨークのグルメ

『プラダを着た悪魔』

第９話　*99*

ブリティッシュをどっぷり食す

『リトルダンサー』

卵料理、ミートパイ・・サッチャー政権下の炭鉱労働者の食事

第10話　109

時を超えてフレンチの魅力を

『ジュリー & ジュリア』

フランス料理524種類のレシピ本 “Mastering the Art of French Cooking”

第11話　121

服役囚たちの食事から見えてくるもの

『ショーシャンクの空に』

服役囚の食事、タバコ、アップル・パイ

第12話　133

嘘でもいいから
デジタル世界の料理が食べたい

『マトリックス』

ステーキ、クッキー

❖本書で取り上げた映画・TVドラマ　142

参考資料　146

あとがきにかえて　147

《第1話》

カナダ開拓者たちの食事

『アンという名の少女』

クッキー、ジャム、井戸水、蜂蜜、クリスマスディナー

原題：Anne with an 'E'　2017 ～ 2019 年・カナダ CBC と Netflix の共同制作ドラマ

カナダの小説家L・M・モンゴメリーの長編小説『赤毛のアン』（原題：Anne of Green Gables・1908 年）は、カナダのプリンス・エドワード島（Prince Edward Island）を舞台にした、11 歳の少女アン・シャーリー（Anne Shirley）の成長を通してカナダ開拓者たちの生活を描いた永遠の名作だ。この小説はいく度となく映画化され、宮崎駿のアニメ作品としても子どもたちに親しまれ、日本では馴染み深い作品だ。

最近では、世界各国のコンテンツを配信する Netflix が、原作をもとに現代の視点から TV ドラマ『アンという名の少女』（Anne with an 'E'. 2017 ～ 2019 年）をオリジナル製作し、インターネットで配信している。約 45 分間のエピソードが総数 27 からなる大長編だ。その分、一つひとつのエピソードが丁寧に描かれ、アンの魅力や 19 世紀末～ 20 世紀初頭の開拓者たちの様ざまな生活ぶり、カナダの美しい大自然を楽しむことができる秀作だ。当時のカナダ開拓者たちの、食材の収穫から料理の数々、料理法、食事風景にいたるまで、丁寧に描かれていて興味深い。

1》自給自足の食事と倹約に励むカスバート家

孤児のアンを養女として迎え入れた、グリーン・ゲイブルズ（Green Gables: 緑の切妻屋根 - 屋号）のカスバート家（the Cuthberts）の食事は自給自足だ。朝食は、料理上手なマリラ（Marilla）が焼いた食パンをトーストにし、兄のマシュー（Matthew）が育てる乳牛から作ったバターを塗って牛乳と一緒に食べる。ときには庭で飼う鶏の卵で作ったスクランブル・エッグやゆで卵が添えられる。祝い事がある日の朝は、ベーコンやソーセージが振る舞われる。

学校に通うアンの昼食は、女の子たちと車座になってパンと牛乳、ときには畑で実ったリンゴを一つ丸かじりする。そして家から持参した瓶詰めの牛乳や水を校舎の脇を流れる泉に沈め冷やして飲む。開拓者の知恵だろう。一方、少し裕福な家庭の友だちの昼食にはチーズが、ときにはハムやフルーツパイが添えられる。このような友だちの身なりは一様にして、服の生地からリボンやフリル飾りにいたるまで、アンよりも上等なものだ。

未婚の兄妹、マシューとマリラが切り盛りするカスバート家の暮らしと比べると、開拓者たちの間に経済的格差があったことがわかる。決して裕福とはいえないカスバート家だが、ちょっとした手違いとはいえ、子どものいない兄妹はアンを養女として迎え入れる。そして自給自足の生活と倹約に励みながら、愛情をもって育てる。正義への信念と逞しさを感じる。

午後のティータイムには、隣人であり友人でもあるレイチェル（数百メートル離れているが）とマリラはたがいの家を訪問しあい、紅茶と自家製のスコーンを食べながら、おしゃべりに花を咲かせる。このとき、レイチェルの家ではメタル製のティーセットを使う。当時メタル製品は高価であったことを考えれば、レイチェルの家は比較的裕福であることがわかる。

ティータイムといえば、アンが親友のダイアナをお茶会に招待し、自家製のラズベリージュースと間違って、スグリワインを飲んで騒動になる場面は原作「赤毛のアン」の中でも有名だ。

一日が無事であったことに感謝する夕食は、三食の中でもっとも豪華なものだが、カスバート家では、自家栽培の野菜シチューとパンが数切れだけだ。それでもローソクの光の下、家族の会話を楽しみながら夕食をとり絆を深める。

２》クリスマスはミンスパイと牛乳で祝う

カスバート家のクリスマスディナーは華やかではないが、心のこもった料理が並ぶ。長旅から戻ったアンの親友ギルバート（Gilbert）がセバスチャンを連れてクリスマスディナーに招待されたときも、マリラは得意のミンスパイ（mince pie）とローストポークでもてなす。

英国ではクリスマスにミンスパイを食べるのが習わしだったことから、かつて英国領だったカナダでも、クリスマスにミンスパイは欠かせなかったのだろう。ミンスはみじん切りの意味で、本来はみじん切りの肉とドライフルーツをパイ生地で包んだ焼き菓子だったが、19 世紀ごろになるとドライフルーツとクルミを包んだ甘いお菓子になった。

クリスマスディナーでは、ワインやシャンパンではなく牛乳を飲んで祝っている。祝いの席だというのに牛乳で食事をするのは、今の日本では考えられないことかもしれない。しかし原作『赤毛のアン』の舞台であるカナダの東海岸、セントローレンス湾に浮かぶプリンス・エドワード島では、1900 年から 48 年間に渡って禁酒法が施行され、製造も販売も禁じられていた。

この頃、アメリカやヨーロッパのいくつかの国でも禁酒法が施行されていた。禁酒令そのものの歴史は古いが、この当時の禁酒法の背景には、当時の入植者たちが信奉するピューリタンの戒律が厳しかったことや、女性が不健全な酒場に反対したことなど、お酒に対する宗教的理由と警戒心が理由であると言われている。ただ、クリスマス以外の祝いの席ではシャンパンが振る舞われることもあったので、宗教色の濃い儀式や祝い事の際には、とくに強い制限がかけられていたようだ。最近では、カナダの保健局は、ビールは週に２杯が適正だと勧告しているが、これは健康上の理由である。もっとも他のアルコールに対しても適正量を示しており、事実上の禁酒令だといって反対する意見も多い。

３》開拓者同士の強い絆と食料事情

プリンス・エドワード島で暮らす開拓者たちの生活は、かなり厳しいものであったことは容易に想像できる。とくに１月～３月は日中でも氷点下となり、寒さはもちろんのこと積雪も多い。開拓者たちの強い絆がなければ、乗り越えるのは難しかったにちがいない。

ドラマ『アンという名の少女』の映像の中でも、厳しい生活の中で開拓者たちの絆が彼らの拠りどころになっていたことがわかる。マリラとレイチェルは、一緒に収穫したラズベリーでジャムや菓子を作り、たくさん作ったスコーンをおすそ分けする。たがいの悩みの相談にも乗り、自分のことのように悲しみ考える。村の中で病気やケガ人がいれば、行って食事の用意から子どもの世話まで引き受ける。火事があれば、村人が総出で消火にあたり、家の改築まで行う。ひと昔前の日本でも似たような光景があったと思うが、厳しい自然の中で暮らす開拓者たちの、慈悲深さと強い絆があればこそ乗り切れたのだろう。過剰な慈悲深さと絆は、ときにはもめごとの原因にもなる。だが、それを経てさらに絆が深まるのだろう。

夏の収穫祭では村中の人びとが集まり収穫を祝う。自慢の収穫物や料理を持ち寄り、出来具合を競う。アンはケーキを、マシューは巨大な蕪(かぶ)を、マリラは自慢のプラム・パフ（plum puff）を作って出品する。

映像の中のこのプラム・パフがじつに美味しそうだ。ネットサーフしてみるが、映像のものと同じものは見つからない。映像に映し出されるプラム・パフは見た目はシュークリームのように見える。ただし生地はクッキー生地のようにも見え、たしかに形はパフだ。その中には白いクリームがたっぷり詰められている。だがプラムの姿が見あたらない。プラム（すもも）のペーストがクリームに混ぜ込まれているようにも見える。レイチェルがマリラにレシピを教えて欲しいとせがむが、内緒のようだ。門外不出のマリラ秘伝のプラム・パフである。

4》違いを認めあう

グリーン・ゲイブルズでは、フランス人少年のジェリーが農作業の手伝いとして雇われている。ジェリーはアンとほぼ同年齢だが、学校に通わず家族のために働いている。ジェリーの家はアンの村から遠く離れ、生活は決して楽ではない。だが温かな家族だ。彼らは英語は話せない。そのため村から離れ暮らしていたのかもしれない。マリラはこの少年にも心を配り、カゴ一杯のスコーンをそっと手渡す。

ギルバートの友人セバスチャンは、アフリカ系であることから様ざまな差別を受ける。だが新しいことに興味を示すアンはすぐに友だちになる。セバスチャンからマリラにプレゼントされたカレーパウダー（curry powder）を、マシューとアンはクリームシチュウに入れて食べる。はじめて口にするカレーの味だ。そして二人はその美味しさに驚く。新しいもの、異なるものを受け入れることをアンは学ぶ。そして、当初はセバスチャンが住人になることに戸惑う村人たちも、妻を失い一人で乳飲み子を育てる彼に寄り添い、支えるようになる。

アンの親友ダイアナには町に住む叔母ジョセフィーヌがいた。ジョセフィーヌは大きな屋敷に住み豊かな暮らしをしていた。夫や子どもはなく、一人で召使と住んでいる。一見、気位が高く気難しそうに見えるジョセフィーヌだが、アンはすぐに親しくなり相談相手になってもらう。ジョセフィーヌが住む世界は、アンにとって今まで見たこともない華やかで洗練された世界である。さらにジョセフィーヌの忘れられない恋人が女性であったことをアンは知る。だがアンはさほど驚くこともなく、それを受け入れ理解する。

アンの男友だちコールもまた同じだった。彼はクラスの男子生徒よりも、アンなどの女子生徒と一緒に遊ぶことを好んだ。そのため男子からいじめを受ける。そんなコールに対してアンは寄り添い、違いを理解する。そしてアンの学校の女教師ステイシー先生も、新しい教育理念をもち、生徒達の興味を引き出し、自ら考え自律するよう指導し、それによって従来の古典的な従順さや暗記学習を良しとする村の重鎮たちと対立する。解雇されそうになるステイシー先生を守ろうと、アンが会議場で村人の前で言った台詞である。

Anne: Different is not bad, it's just not the same.
アン：違うことは悪いことではありません、同じじゃないだけなんです。

ここでの "Different" は形容詞なので、それだけで主語となることができない。よって主語は "Being different" となり、動名詞 Being が省略された形であることに注意したい。

★英語ワンポイント・レッスン "Gilbert has a crush on you,"

Coal: You know Gilbert has a crush on you, right?
コール：ねぇ、ギルバートは君にお熱なんじゃない。
若者同士でよく使う口語表現だ。その他にも以下のように使われる。
Who is your latest crush? （近ごろは誰にのぼせているんだい）

さらにアンは偶然、ネイティヴ・カナディアンと出会い友だちになる。ギルバートは彼らから蜂蜜が怪我の薬になることを教わり、そのことが彼が医学を志すきっかけとなる。だが、アンが友だちになったネイティヴ・カナディアンの少女カクウエットは、キリスト教寄宿舎に入れられてしまう。19 世紀から 20 世中頃まで続いたカナダ政府による同化政策（assimilation policy）によるものだ。同化政策とは、「ある国が植民地民族に対して、本国の生活様式や思想などに同化させようとする政策」だ。支配する側と、支配される側との力関係を示しており、その歴史は古く今日的な問題でもある。

本作品は、当時の開拓者たちの生活を描くだけでなく、現代の視点からアンの目を通して、開拓者たちを見つめ描いている。アンは池の水面に映るカクウェットと自分の姿を見て、次のように言う。

Anne: It's funny how people are so quick to point out differences when there are so many ways we're all alike.
アン：似ているところがたくさんあるのに、人は違うところに直ぐ目がいってしまうの、面白いわね。

アンは異なるものに対して興味と慈しみをもち、そしていつも弱いものの味方だ。それは、全編の諸所に回想シーンとして映し出される彼女の孤児院での辛い経験があったからかもしれない。

5》映像から学ぶ英文法

ドラマの最後、成長したアンは教師を目指して大学に進学する。マシューとマリラから、思いがけず母親の『花言葉の本（The Flower of Book)』を手渡され言う台詞だ。

Anne: I can't believe it. My mother was a teacher.
Her handwriting looks like mine. Red hair.
This book is the missing piece of the puzzle.

アン：信じられない。お母さんは先生だったのね。
それに筆跡も私と同じだわ。髪も赤い。
失くしたパズルのかけらが見つかったわ。

★英語ワンポイント・レッスン "look like ～"

look like ～は「～のように見える」の意味だが、この時の like は前置詞のため後に来るのは名詞である。「幸せそうに見える」のように形容詞が来る時は "look happy" と、like はつかない。

Tom looks happy.（トムは幸せそうに見える）
Tom looks like an old man.（トムは老人のように見える）
Tom looks tired.（トムは疲れているように見える）

ここでの台詞の面白い所は、メタファー（隠喩）を使って "This book is the missing piece of the puzzle." と言って、like と同じ「～のようだ」と類似性を表現している。 映像の美しさや出演者の演技力だけでなく、脚本家の力が発揮された秀作だ。

英音声・英字幕で英会話学習！「コンテクスト・アプローチ」
文脈を手がかりにすれば、英語力不足なんて怖くない！

文脈１．アンと、マシュウ、マリラ兄妹との固い絆が築かれるまで。
文脈２．想像豊かで夢見る少女アンと親友ダイアナの成長。
文脈３．友情から愛情へと発展するアンとギルバートとの関係。

文脈４．アンの孤児院での生活と母親への想い。
文脈５．厳しい自然の中で助け合い支え合う開拓者たち。

《第2話》

アメリカ人のソウル・フード

『ヘルプ』

フライドチキンとトウモロコシパン

原題：The Help　2011年・アメリカ映画

題名の「ヘルプ」とは、家政婦、召使いの意味だが、映画『ヘルプ』（原題：The Help・2011年）では、アフリカ系アメリカ人の家政婦に対する集合名詞として使われている。

舞台は、第二次世界大戦が終わり、黒人の投票権が認められ、公共施設での人種隔離禁止を定めた公民権法が成立した1960年代のアメリカ、ミシシッピー州の州都ジャクソンだ。作家志望のスキーター（Skeeter）は、「ヘルプ」と呼ばれる家政婦たちを差別する白人社会に疑問をもち、彼女たちが受けてきた差別や不条理を取材する。

物語は、社会からの報復を恐れながらもスキーターの取材に協力する、ヘルプのエイビリーン（Aibileen）とミニー（Minny）を中心に展開する。原作はキャスリン・ストケット（Kathryn Stockett）による、2009年刊行の同名小説で、全米図書賞の最終候補にノミネートされ、数多くの言語に翻訳されており、日本語版も2012年に出版されている。

1》南部のトウモロコシパンと冷たく甘い紅茶

当時の家政婦たちは、掃除、洗濯、食事の用意だけでなく、遊びや社交に忙しい親たちに代わって子供の世話まで担っていた。にもかかわらず、彼女たちの待遇は奴隷に近いものだった。そして不当に解雇されていた。

料理上手な家政婦のミニーと彼女の新しい雇い主シリアの台所での会話だ。ミニーがシリアに何が料理できるのか尋ねる。

Minny: So, what can you cook?
Cilia: I can cook cornpone. Boil potatoes. I can do grits.
ミニー：では、何が料理できますか？
シリア：トウモロコシパン、茹で芋、それからトウモロコシのおかゆかしら。

シリアが答えたトウモロコシパンは、トウモロコシの粉を練って焼いたもので、南部のソウル・フードだ。だが、アメリカ大陸が原産のトウモロコシなので、もとはネイティヴ・アメリカンの間で食べられていた昔からの料理だ。この二人の会話から、シリアは料理が得意ではなく、あまり裕福でない家庭の出身であることがわかる。

さらにシリアが家政婦を雇うのが初めてであること、そして生きた鶏を自分でさばけること、ミス・ヒリーら富裕な農園の女性グループから仲間外れにあっていることなどから、彼女が南部地域の貧困層出身のヨーロッパ系アメリカ人「プアー・ホワイト（poor white）」として、差別されていることがわかる。

そして南部の飲み物といえば冷たく甘い紅茶だ。本作品の中でも、主人公のスキーターたちが飲んでいるのが、この冷たく甘い紅茶だ。暑い気候の南部では、今でも一年中、日常的に飲まれているのだが、冷蔵庫が無かった植民地時代はもちろんのこと、舞台となっている当時の人たちにとっても、貴重な氷で冷やして飲むこの冷たくて甘い紅茶は、贅沢品だったにちがいない。

2》ミニーが得意なフライドチキンのレシピ

この後ミニーは、クリスコ（Crisco）というラベルが貼られた缶をおもむろに取り出してシリアに見せる。クリスコは缶入りのショートニング（豚の油）だ。映像では、外見は泡立てた卵白のようだが、熱したフライパンにのせると溶けて透明な液体の油になる。そして、これでフライドチキンを揚げるのが一番美味しいこと、他にも目に虫が入った時などいろいろな用途があり、マヨネーズ以来の大発明だとシリアに教える。

Minny: The most important invention since they put mayonnaise in a jar.
ミニー：マヨネーズを瓶に詰めて売り出して以来の、最も重要な発明です。

そしてシリアは、ミニーのレシピ通りフライドチキンを作って夫にふるまう。このクリスコで揚げたフライドチキンは、ミニーの子どもたちの食卓や、取材をするスキーターとエイビリーンが座るテーブルの上にも並ぶ。フライドチキンがヘルプたちによって広められたことがわかる。

やはり南部テキサスの現代を舞台にした映画『リトル・ミス・サンシャイン』（Little Miss Sunshine・2006年公開）でも、夕食のテーブルにフライドチキンが箱ごとメイン料理として置かれる。それを見た少女オリーヴのグランパ（Grampa：祖父）が大きな声で怒鳴り散らす。

Grampa: What's that? Chicken?
Every night it's the fucking chicken !
Holy God Almighty.
グランパ：何だよ！ チキンかよ？
毎晩、くそたれチキンだ！
聖なる、聖なる、聖なるかなだ！

グランパは散々悪態をつくが、結局のところ美味しそうにフライドチキンを食べる。かつてメイドたちが自分たちのためにクリスコで揚げたフライドチキンが、今では広くアメリカ社会に根付いていることがわかる。アメリカの文化遺産と言ってもよいだろう。ちなみに "Holy God Almighty !" はキリスト教の讃美歌の一節だ。破天荒なグランパだからこのような使い方をするが、「オールマイティ（Almighty)」は、日本でもトランプのルールや、「あの人はオールマイティな人だ」のように使われいるように、もともとは「全能の神」の意味だ。

3》アメリカのフライドチキンのはじまり

日本でもよく食べられる人気のフライドチキンだが、歴史は意外に古く、そのレシピも興味深い。アメリカのフライドチキンの起源は、アフリカ系アメリカ人が奴隷として扱われていた 19 世紀初頭に遡る。そもそも白人農園主や富裕者たちは、ナイフとフォークを使って食べるのが難しい、骨や皮の多い鶏肉の手羽や足、内臓の部位は食べずに捨てていた。それらを当時、奴隷として台所で調理を任されていたアフリカ系アメリカ人たちが、スパイスや調味料をまぶして油で揚げて食べたのが始まりだ。

当時のヨーロッパでは、油で揚げて食べる料理は敬遠されていたが、

Crisco

労働者や低所得層の人たちには好まれていた。アメリカに移住してきた彼らと、アフリカ系アメリカ人の奴隷たちと交流する中で、油で揚げる料理法が伝わり、フライドチキンが誕生したというわけだ。

★英語ワンポイント・レッスン "deep-fried chicken"

フライドチキンや唐揚は deep-fried chicken である。

天ぷらのように、たっぷりの油で揚げるは deep-fry：

I deep-fried the vegetables in tempura oil.（野菜を天ぷら油で揚げた）

一方、少しの油をフライパンに敷いて焼くは fry, broil：

Fry me an egg.（卵を焼いてくれ）

オーブンで焼くは roast：

Roast a chicken in an oven（チキンをオーブンで焼く）

網などで焼くは grill：

He grilled the meat to charcoal.（肉を焼きすぎて炭にしてしまった）

余談だが、KFC（ケンタッキー・フライド・チキン）が初めて日本に出店したのは1970年の大阪万国博覧会のときであった。このころは、鶏レバーのフライも販売されており、それには鶏レバーが捨てられていたという上述のような背景があったわけだ。

20世紀中ごろまでは、アメリカでフライドチキンは「南部のアフリカ系アメリカ人の好物」として偏見の目で見られ、ヨーロッパ系アメリカ人の富裕層は食べなかった。フライドチキンのファーストフードチェーンによって、アメリカ全土に広がり、今では代表的なアメリカ料理として世界中にも広まった。日本でも、ファーストフードチェーンの「フライドチキン」や「唐揚げ」「チキン南蛮」「山賊焼き」など、調味料にバリエーションを加えることで多様化し、今なお人びとの胃袋をつかむ人気の料理になっている。

4》アメリカ南部の家政婦たちと闇の世界

時代は、すでに 1868 年の奴隷解放宣言から 100 年が過ぎていた。しかし人種差別、人種隔離（アパルトヘイト）は厳然として残っていた。それは本作品の中にも見ることができる。家政婦は雇い主と同じトイレが使えず、バスに乗って座る座席も異なり、居住地や学校も異なる。また、南北戦争後の混沌とした中で南部諸州では、奴隷制を廃止すれば大規模農園は成り立たないという理由から、アフリカ系アメリカ人たちの労働力を確保する目的でジム・クロウ法（Jim Crow laws）を州以下の自治体単位で次つぎと制定し隔離政策をすすめていく。

さらに一度は消滅したはずの人種差別派の秘密結社 KKK（Ku Klux Klan クー・クラックス・クラン）も復活していた。本作品の中でもヘルプたちは自分たちに危害が及ぶのではないかと怯える。だが公民権運動が活発になり、1963 年ワシントン大行進でのキング牧師の演説やノーベル平和賞受賞などの明るい兆しも見えてくる。その一方で、ロサンゼルス暴動やキング牧師殺害、そしてベトナム戦争へと進み、闇の世界は続いた。

5》God says we need to love our enemies.

スキーターが取材をしてまとめた、アフリカ系アメリカ人の家政婦たちによる暴露本『The Help』が出版される。その本の中で自分の恥ずかしい行為が書かれたミリーのかつての雇い主ミス・ヒリー（Miss. Hilly）は、仕返しにエイビリーンを脅しにかかる。エイビリーンが銀のスプーンとフォークを盗んだと嘘を言って警察を呼ぼうとする。エイビリーンはミス・ヒリーの卑劣な行為に対してひるむことなく次のように言う。

Aibileen: All you do is scare and lie to try to get what you want.
You a godless woman.
Ain’t you tired, Miss Hilly? Ain’t you tired?
エイビリーン：あなたは、欲しいものを手に入れるために、人を脅して嘘をついている。
あなたは罪深い人です。
疲れませんか、ミス・ヒリー。疲れませんか？

★英語ワンポイント・レッスン　“Ain’t you tired?”

“Ain’ t you tired, Miss Hilly? Ain’ t you tired?”（疲れませんか、ミス・ヒリー？）
a in’ t=am not の短縮形で、m が脱落している。非標準的用法とされているが、
I’m late, ain’ t I?（遅刻しちゃったみたいだね）
主語との不一致で使われることが、口語では良くある。
“She ain’ t what she used to be.”（彼女は変わった）

エイビリーンは家政婦を解雇されてしまう。二人が対立する見ごたえのある場面である。そして家に帰る彼女の最後のことばである。

Aibileen: God says we need to love our enemies. No! It hard to do.
But it can start by telling the truth.
Once I told the truth about that…I felt free.
エイビリーン：神様は汝の敵を愛せよと言うけど、それは無理なこと。
でも真実を伝えることから始めればできること。
前に本当のことを話したら、解放された気がしたから。

エイビリーンやミニーが話す英語は、南部訛りだけでなく、語句の脱

落や省略、文法の間違いが散見される。それら全てを含めた南部のヘルプたちが使う言葉の多様性と背景を学び考えることができる。そして映し出される広大で美しい南部の風景がそれらを包み込む。秀逸な作品である。

★英語ワンポイント・レッスン "「ヘルプ」たちの文法"

＊ "You is kind." = You are kind.

＊ "It hard to do." = It's hard to do.

＊ "And I got to thinking."= And I got to think.

＊ "And the things I seen and done." = And the things I have seen and have done.

＊ "We going have to have" = We are going to have to have

英音声・英字幕で英会話学習！ **「コンテクスト・アプローチ」**
文脈を手がかりにすれば、英語力不足なんて怖くない！

文脈１．作家志望の Skeeter が、「ヘルプ」と呼ばれているメイドたちを差別する白人上流社会に疑問を抱き、彼女たちが受けてきた差別や不条理を取材する。

文脈２．社会からの報復を恐れながらもスキーターの取材に協力するエイビリーンとミニー。

《第３話》

アフタヌーンティーという食文化

映画『レベッカ』

サンドウィッチとスコーン

原題：Rebecca　　1940 年、アメリカ映画

近ごろ日本では、若い女性たちの間で「ヌン活」と呼ばれ、コーヒーショップやホテルを巡って英国のアフタヌーンティーを楽しむのがちょっとしたブームになっている。本来は、夕食前の午後のひと時に、紅茶と共にサンドウィッチ、スコーン、ケーキ、フルーツなどを食べる英国上流階級の人びとの習慣である。

英国のティータイムを楽しむ文化は有名だが、アフタヌーンティーのはじまりは 19 世紀中期、ヴィクトリア女王（在位 1837 〜 1901）がイギリスを統治していた時代にさかのぼる。産業革命によって富がもたらされた大英帝国時代の絶頂期のころである。そしてこの富に浴していた、貴族や大地主を中心とした社交界が華やかなりしころのことである。

社交界では、夕食の時間帯に観劇、オペラ鑑賞、パーティーがあったため、その前に午後４時頃に軽く小腹を満たすための軽食として始まったお茶と一緒に菓子などが２段、３段に重ねたティースタンドに載せられ運ばれる。

1》ヒッチコック映画に登場する　アンティークなティースタンド

ではアフタヌーンティーに必須アイテムのティースタンドは、そもそもどのようなものであったのだろうか。それを垣間見ることのできるのが、サスペンスの巨匠アルフレッド・ヒッチコック（Alfred Joseph Hitchcock）監督の映画『レベッカ』（原題：Rebecca・1940 年）である。

舞台は 1930 年代、英国コーンウォールのマンダレーにたたずむ大きな屋敷である。ジョーン・フォンテイン（Joan Fontaine）が演じる「わたし」が、窓際のソファーに座っているときに、メイドのヒルダが “Pardon me, Madam.（失礼します、奥様）” と言ってカップやポット等のティーセットが載った折りたたみ式の小さなテーブルをソファーの前に置く。この時ヒルダは、フランス語で “Pardon” と言う。pardon はフランス語であるが、英国の上流階級の、特に婦人たちは、たしなみとしてフランス語を習っていた。上流階級の主人に仕えるヒルダも、英語で excuse me といわずに pardon me と言う。

Hilda: Pardon me, Madam.
　　　Is there anything I can do for you?
“I”:　I’m all right, Hilda. Thank you very much.
Hilda: I’ll bring the sandwiches immediately, Madam.
ヒルダ：失礼いたします、奥様。
　　　　何かお入り用のものはございますか？
「私」：　大丈夫ですよ、ヒルダ。ありがとう。
ヒルダ：すぐにサンドウィッチをお持ちします、奥様。

ヒルダはそう言って、この後すぐにサンドウィッチが載せられたティー

スタンドを運んでくる。このティースタンドは映画の中でほんの一瞬しか映らないが、近年よく目にする豪華なメタルやガラス製のものではなく、少し大ぶりで木製のアンティークなティースタンドである。そしてこのティースタンドは、テーブルの上に置くタイプではなく、床の上に置くタイプである。そもそもアフタヌーンティーは、ラウンジのソファーに座って優雅に食べるのが正式であり、お茶のお代わりを、席を立たずにテーブルの傍らに置かれたティースタンドから取る。その方が勝手が良く、優雅におしゃべりを楽しむことができ、くつろぐことができたからであろう。

メイドのヒルダが折り畳み式の簡易テーブルを運んでくる。

ヒルダがティースタンドを運んでくる。

さらに時代を遡る(さかのぼる)と、アフタヌーンティーが確立するヴィクトリア朝以前のティースタンドもやはり木製であったことがジェーン・オースティンによって書かれた小説『分別と多感』(原題:Sense & Sensibility・1811年刊行)を映画化した、映画『いつか晴れた日に』(原題:Sense & Sensibility・1995年公開)の中に見ることができる。

この映画の中で、ティースタンドの上にはジャムやティー・ポッドも載る大ぶりなスタンドだ。ティースタンドの原形なのだろう。この小説の発表が1811年であることを考えれば、ヴィクトリア王朝期の30年前にはすでにティースタンドが使われていたようだ。ただしこの映像を見るかぎりでは、持ち運びや携帯するものではなく、床の上に直接置かれた、スタンドというよりも家具といったものである。

2》定番はサンドウィッチとスコーン

映画『レベッカ』の中で、ティースタンドにどのようなスイーツが載っているかは、残念ながら映像からはわからない。また朝食やディナーの場面もあるが、食事の中身が映像で映し出されることはない。食事の中身やレシピを映像で観られるのは、グルメブームに乗じた近年の映画やＴＶドラマの到来を待たなければならない。あくまでも想像だが、『レベッカ』の舞台となっている1930年代当時、ティースタンドに載せられていた菓子やサンドウィッチは、今日、日本で見るような華やかなものではなかったはずだ。伝統的なスコットランド生まれのサンドウィッチやスコーン、フルーツであったのではないだろうか。

それは、映画『ヴィクトリア女王 最後の秘密』(原題:Victoria & Abdul・2017公開)の中で、ジュディ・デンチ演じるヴィクトリア女王や、前述の映画『いつか晴れた日に』の中でエマ・トンプソン演じるミス・ダッシュウッドたちが食べるアフタヌーンティーでティースタンドに置かれているのが、主にサンドウィッチ、スコーン、フルーツであることから想像できる。

ティースタンドの一番下に置かれるサンドウィッチの中身は、キュウリがお決まりだ。インド北部が原産のキュウリだが、16 世紀にはヨーロッパで栽培されるようになり、人気のある高級食材だった。そのキュウリをサンドウィッチの具材として使うということは、寒い英国でキュウリを温室栽培できるほどの財力を有していることを示し、貴族や大地主たちにとっては一つのステイタスシンボルであったようだ。今でもキュウリのサンドウィッチは栄養面から好まれ、定番となっている。

ティースタンドの真ん中に置かれるスコーンは、スコットランド発祥の伝統菓子である。小麦粉とバターを牛乳でまとめたシンプルな焼き菓子で、ジャムやクロテッドチーズなどと一緒に食べる。

最近のティースタンドには、色鮮やかで手の込んだ今風の菓子が載っているようだが、質素倹約を美徳とし、伝統を重んじる英国では、キュウリのサンドウィッチとスコーンは定番だ。食べる順番にとくに決まりはないが、下の段から食べるのが通例のようだ。

3》アフタヌーンティーの発展と日本文化

アフタヌーンティー研究家の藤枝理子氏は、アフタヌーンティーの発展に、日本の「茶の湯」が寄与したとしている。日本の「茶の湯」の歴史は、15 世紀の室町時代にさかのぼる。簡素さと幽玄さを基調とした東山文化の中で、村田珠光（1423 ～ 1502）が侘茶を創始し、その後、千利休（1522 ～ 91）が完成させた。フランシスコ・ザビエルが鹿児島に上陸したのが 1549 年、上洛したのが 1551 年であることから、「茶の湯」は日本がヨーロッパの大航海時代に巻き込まれる前にすでに大成され、桃山時代になると武士や僧、商人の間で盛んとなっていた。この茶道に魅了された西洋人がそれを本国に持ち帰り、英国のアフタヌーンティー文化に影響を与えたと考えることもできるだろう。

ヴィクトリア女王が即位して18年後の1855年に、パリで万国博覧会が開催された。この万国博覧会で日本文化が紹介されると、ヨーロッパ中に日本趣味が流行し、ジャポニズム（Japonism）フィーバーが吹き荒れた。ヨーロッパの人びとの興味は日本文化に注がれ、浮世絵や陶器、漆器などに人気が高まった。

画家のゴッホやルノアールなどに影響を与え、有田焼の柿右衛門の図柄や色彩が陶器の文様に模倣されたといわれる。漆器にいたっては、陶器が「チャイナ（china）」と呼ばれるように、「ジャパン（japan）」と呼ばれ今日にいたる。日本人が思う以上に、当時のヨーロッパへの日本文化の影響は大きい。

さらに、このヨーロッパでのジャポニズムの開花とヴィクトリア朝が同時期であること、アフタヌーンティーが日本の安土桃山時代に千利休が茶道を確立した200年後のヴィクトリア朝の時代に発展したこと、日本の茶道と英国のアフタヌーンティーのいずれもがティー・セレモニーとしてお茶の入れ方や形式を重んじ、そこに美や価値を見出すこと、そしてそれぞれの国民のマナーの原形となっていることを考えれば、日本の茶道が英国に紹介され、アフタヌーンティーの文化の発展に影響を与えたことは容易に想像できる。

4》「わたし」は a paid companion

話を映画『レベッカ』に戻そう。本作品は、デュ・モーリエ（Dame Daphne du Maurier. 1907-89）の同名小説をもとに80年以上も前に製作された映画だが、今も色あせることなく、観る者をヒッチコックの世界に引き込んでいく。題名のレベッカとは、主人公「わたし」の夫マキシムの、亡くなった前妻の名前だ。この前妻の名前がなぜ映画の題名になるのかについては、ネタバレになるのでここでは説明は割愛する。観てのお楽しみだ。

次は、「わたし」とマキシムが初めて二人だけで会話を交わす場面の台詞である。この前日に、マキシムはモンテカルロの崖上で偶然「わたし」を見かけて、翌日の朝食時にレストランで再会した時の場面である。

Maxim: Tell me, is Mrs. Van Hopper a friend of yours or just a relation?
"I": No, she's my employer. I'm what is known as "a paid companion."
Maxim: I didn't know companionship could be bought.
"I": I looked at the word " companion" in the dictionary once. It said, "a friend of the bosom."
マキシム：あの、ヴァン・ホッパーさんはあなたの友だちですか、それともご親戚ですか？
「わたし」：いいえ、私の雇い主なんです。わたしは“話し相手”として雇われているんです。
マキシム：“話し相手”をお金で買うなんて知らなかったなぁ。
「わたし」：前に“話し相手”を辞書で調べたら“心の友”と書いてありました。

「わたし」は、ヴァン・ホッパー婦人のお供としてモンテカルロに避寒に訪れていた。モンテカルロは地中海に面したモナコ公国４地区の一つである。ヨーロッパの王族や貴族たちは、冬になると避寒のために温暖なこの地に滞在するのが常だった。マキシムもその一人である。このモンテカルロで出会った二人の台詞の中で興味深いのが、a paid companion だ。「わたし」が務めるコンパニオンという職業には長い歴史がある。

すでに 15 〜 19 世紀には、王侯貴族に仕え、身のまわりの世話をするレディー・コンパニオンがいた。彼女たちは、王族の親族など特権階級に属していた。映画『エリザベス』（原題：Elisabeth・1998 年）の中で、ケイト・ブランシェットが演じるエリザベス女王に仕えていたのが、このレディー・コンパニオンである。『レベッカ』の「わたし」が登場する18～20世紀のころになると、コンパニオンは一般にも広まり、上流または裕福な女性のお相手をするために雇われた生まれ育ちの良い女性のことをいっていた。そもそもレディーとは、特権階級に属する女性に対しての称号である。『レベッカ』の時代になると、王族貴族に仕えるレディー・コンパニオンだけでなく、a paid companion としての職業が一般に広まっていたことがわかる。職業婦人の先駆けといえるだろう。

★英語ワンポイント・レッスン "What was Rebecca really like?"

Tell me, what was Rebecca really like?

（教えてくださる、レベッカはどんな人だったの？）

ここでの like は前置詞で、「～のよう」の意味で慣用表現にも用いられる。

What was he like?（彼はどんな人でしたか）

drink like a fish（大酒を飲む）

sleep like a log（ぐっすり眠る）

smoke like a chimney（やたらにタバコを吸う）

work like a beaver（ビーバーのようによく働く）

5》ヒッチコックの眼力

余談になるが「わたし」を演じるジョーン・フォンテンは、幼少期から十代半ばまで、英国人の父親の仕事の関係で東京で暮らし、その後、アメリカでモデルを経て女優としてデヴューした。じつはマキシムを演じる名優ローレンス・オリビエ（Laurence Olivier）が、当時の彼の恋人であったヴィヴィアン・リー（Vivien Leigh）を、主人公の「わたし」役に推薦していた。しかし無名のジョーン・フォンテンが「わたし」役を射止めたことは有名な話だ。

ビビアン・リーはすでに名作『風と共に去りぬ』の中で主役として“強い女性”を演じていた。そのため、ヒッチコックはあえて無名のジョーン・フォンテンを選んだのだろうと言われている。レベッカの影に怯える「わたし」には、すでに大女優となって脚光を浴びていたビビアン・リーよりも、無名のジョーン・フォンテンの方が適任であったのかもしれない。彼女は見事にその期待に応え演じた。ヒッチコックの眼力に敬服する。ジェーン・フォンテンは、この後もヒッチコックの監督作品である映画『断崖』（原題：Suspicion・1941 年）に出演し、アカデミー主演女優賞に輝いた。

映画『レベッカ』は、製作後 80 年が経過しており、すでに版権も消滅している。このため DVD がかなり安価で売られている。この DVD を購入して英語音声と英語字幕を利用して、すり切れるまで何度も観れば、英語力は確実にアップすること間違いない。リスニング力、英文読解力、英文速読力が向上するのはもちろんのこと、英語字幕を見ながら声に出して台詞をアフレコすれば、スピーキング力の向上はもちろんのこと、発音も修正されネイティヴ並みに上達するだろう。

6》映画で英文法

そこで最後に映画の台詞を使って、英語の文法解説をしよう。以下は映画の後半部に語られるマキシムの台詞である。亡くなった前妻レベッカの死因を「わたし」に説明する場面だ。

Maxim: Rebecca has won.
Her shadow has been between us all the time, keeping us from one another.
She knew that this would happen.
マキシム：レベッカの勝ちだ。
私たち二人の間には、いつも彼女の影が付きまとっているんだ。
この時が来ることを彼女は解かっていたんだ。

この台詞の中で、現在完了形と過去形が使われているのがわかるだろうか。⑴ Rebecca has won. と、⑵ Her shadow has been between us all the time," の現在完了形と、⑶ She knew that の過去形だ。これらの三つの台詞は、現在完了形と過去形の違いを説明するのには適例だ。

⑴ Rebecca has won.
⑵ Her shadow has been between us all the time,
⑶ She knew that

英語の現在完了形は have+ 過去分詞から成り、それを押さえることが肝心だ。つまり have は今の状態・様子を表し、過去分詞は過去に起きた事象を表す。これをカレント・レリバンス（current relevance）という。下記の図は、カレント・レリバンスが、過去に起きた事象が現在に対して影響を及ぼしていることを表している。

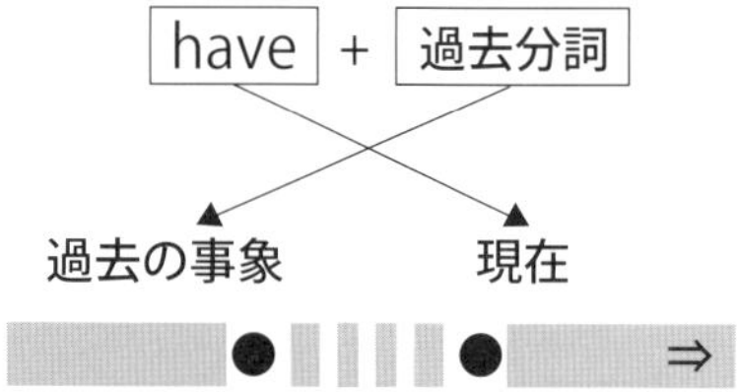

現在完了形の“カレント・レリバンス”

（1）は「レベッカが亡くなった時点で彼女は勝利し、その後も今に至るまで、マキシムが何をしようとも彼女の勝利は揺るいでいない」ことを意味する。（2）は「レベッカの影（亡霊）が、マキシムと「わたし」が結婚して以来ずっと二人の間に漂っている」ことを意味する。（3）は「レベッカは亡くなる前の時点でこうなることが解かっていた。」ことを意味する。（1）（2）は過去の事象が現在に関連や影響を及ぼしていることを示すカレント・レリバンスを、一方（3）は「知った」という過去の事象のみを表している。

意味は文脈に依存することが多く、そのため理解や実際の使用に戸惑うことがあるが、映画の文脈の中だと解りやすい。英字幕を利用すれば、台詞の意味はもちろんのこと、苦手な文法も容易に理解できる。

英音声・英字幕で英会話学習！「コンテクスト・アプローチ」
文脈を手がかりにすれば、英語力不足なんて怖くない！

文脈１．亡くなったレベッカの影に怯えながらも、夫マキシムをひたむきに愛する主人公の「わたし」。

文脈２．レベッカの霊に取りつかれたかのような家政婦長のダンヴァースと、彼女に心理的に追い詰められる「わたし」。

文脈３．次々にあきらかになるレベッカの真実。

《第４話》

地方の中流貴族たちの食卓

『高慢と偏見』

イングリッシュ・ブレックファースト

原題：Pride and Prejudice　1995 年、イギリス TV ドラマ

イギリス BBC 放送が制作した TV ドラマ『高慢と偏見』（原題：Pride and Prejudice・ 1995）は、放送を開始した時から高視聴率をたたきだし、ドラマの放送時間帯にはイギリスの街行く人の数が激減したというのは有名な話だ。まさにソープオペラ（soap opera）だ。

原作は、英国の小説家ジェーン・オースティン（Jane Austen. 1775-1817）の同名小説で、1831 年に初版が出版され、またたく間に人気となり増刷をくり返したという。これまで多くの言語にも翻訳され、舞台化、映像化され、パロディー作も数多い。この TV ドラマが人気になるのも頷ける。

ドラマは 1800 年前後のジェントリー（gentry ＝貴族地主）や貴族たちの結婚事情を中心に描かれている。食事の様子も朝食や昼食、ティータイム、夕食の場面や服装などが丁寧に再現されている。物語の面白さもさることながら、当時の生活の様子がよく分かり、とても興味深い作品だ。

1》貴族地主 Gentry の財力

時代はヴィクトリア女王が即位する 20 年以上前の 1700 年代末期から 1800 年代初期にかけてのイギリスだ。ジョージ三世（在位 1760-1820）の治世のもとで、国内的にはイングランドがウェールズ、スコットランド、アイルランドを併合し、産業革命によって経済力が増大しはじめていた。一方、国外的にはフランスのナポレオンを封じ込め、アメリカ大陸を植民地化し、東インド会社によってインドからアジア全体に勢力を拡大し大英帝国を築く途上にあった。そんなイギリスのロンドン近郊の地方都市にある、小さな田舎町が『高慢と偏見』の舞台だ。

主人公のエリザベス（Elizabeth）は、ベネット（Benett）家の５人姉妹の二女である。ベネット家は年収 2,000 ポンドの中流ジェントリである。だが、ベネット家には後継男子が生まれなかったために、家督の継承権をもたない５人の姉妹は、財力のあるところに嫁ぐことしか生活を維持する道はなかった。

エリザベスの相手となるダーシー（Darcy）もやはりジェントリだが、ダーシーの家は年収 10,000 ポンドの大地主で、姻戚（いんせき）に伯爵もいる名家だ。ジェントリは貴族の中では下の階級だが、貴族同様に働かずして生活することを誇りとしていた。ジェントリよりも財力があっても職業をもっていたミドルクラスの身分はジェントリよりも下とみなされ、さらにその下に一般労働者であるワーキングクラスが位置づけられていた。そのため、資産のないジェントリはあえて職業をもたず、必死になって経済力のある結婚相手を探さなければならなかった。これを題材にしたのが本作『高慢と偏見』である。同じジェントリといえども、資産や年収額によって身に着けるものや食べるものが異なることが映像から読み取れる。

2》イングリッシュ・ブレックファースト（English Breakfast）

上流階級は労働者階級のように働く必要がないため、朝早くから食事を摂る必要がなかった。また夜遅くまで舞踏会やパーティーなどに興じていれば、翌朝、早起きすることはできないし、早朝から食べられるわけもない。そのため当時は､11 時頃の遅い時間に朝食を摂ることが多かった。これがイングリッシュ・ブレックファーストだ。少し重めのブランチで、ワインなどのお酒を飲むこともある。

本作品の中では、前夜のパーティーのせいか、少々疲れ気味のベネット家の人々がブランチを食べている場面がある。エリザベスの姉ジェーン（Jane）に、独身の資産家ビングリー（Bingry）から別荘への招待の手紙が届く。

この時に食べているのがトーストとバター、ハムやソーセージに野菜が添えられた料理だ。そしてそれらが各自のプレートに取り分けられる。テーブルの真ん中には果物が置かれ、時には鶏肉や牛肉のローストも一緒に置かれる。テーブルには白いクロスが敷かれ､飲み物はおそらくコーヒーと水、そしてメタルのポットがある。英国というと紅茶と思われがちだが、少し寸胴なカップと飲み物の色からするとコーヒーと思われる。

ヨーロッパでは、コーヒーの方が紅茶よりも先に飲まれていた。17 世紀後半からロンドンには市民の社交場としてコーヒーハウスが建ち、政治談議や情報交換の場となっていた。そしてそれが 19 世紀のパブにつながる。アフリカやトルコから輸入されたコーヒーが､英国だけでなくヨーロッパ各地で飲まれていた。その後、オランダがコーヒー豆を独占するようになり、入手が困難になってきたため、英国は植民地インドの紅茶を飲むようになった。

一方、ジェーンが招待された大きな屋敷のビングリー家の朝食は、ベネット家のものより豪華で手が込んでいる。ちなみに同じジェントリのビングリー家の年収は 5,000 ポンドだ。ダーシー家ほどではないが、ベネット家の倍以上の年収である。イングリッシュ・マフィンや肉のミンチを包み込んだパンなど、数種類のパンが並ぶ。

マフィンは各自の皿に取ってナイフで二つに切り開き、バターやクリーム、ジャムを塗って食べる。テーブルの真ん中には手の込んだ肉料理が数種類並ぶ。肉料理やパンは豪華な銀食器の上に盛られる。テーブルウエア（tableware）やカトラリー（cutlery ＝ナイフ・フォーク・スプーン等）も細工を施した豪華な銀製だ。ときには、ディナーかと見間違えるような豪華なエビのカクテルや魚料理が並ぶ。広いダイニング（食堂）の大きなテーブルには、やはり白のクロスが敷かれ、大ぶりな椅子には飾り彫りがある。テーブルとは別に壁にしつらえられたチェストの上には銀製のポットが置かれている。

ベネット家もビングリー家も共にジェントリの階級だが、食事の様子から、明らかに格が違うことがわかる。この格の違いをビングリーの妹キャロラインは事あるごとに取り上げて、ベネット家の人々を見下す。

エリザベスの父親のミスター・ベネットの従弟で教会の牧師をするコリンズは、いずれは男子の後継者のいないベネット家の屋敷を相続することになっていた。エリザベスの母親は、エリザベスをこのコリンズと結婚させれば、現在の屋敷を手放さずに済むと考えていたが、エリザベスはこれを断る。するとコリンズの目はエリザベスの友人シャーロットに向けられ、やがて二人は結婚する。

このコリンズの家のブランチを見てみよう。コリンズの家の朝食もイングリッシュ・ブレックファーストだ。テーブルウエアはすべて揃いの上品な陶器である。料理は豪華というよりも、手の込んだ肉料理やシェパード・パイを食べており、ハイセンスなイメージだ。コリンズの家は伯爵家の屋敷に隣接しているため、何かにつけて伯爵婦人のレディー・キャサリン（Lady Catherine de Bourgh）の影響を受けていた。調度品や料理のセンスの良さは、そのためかもしれない。

3》階級の差から生まれる「高慢と偏見」

英国の貴族階級には、上から①公爵（Duke）、②侯爵（Marguess）、③伯爵（Earl）、④子爵（Viscount）、⑤男爵（Baron）の五つの爵位がある。侯爵を除いて、それぞれの男性にはロード（Lord ＝卿）、女性には（Lady ＝卿婦人）をつけて呼ぶ。上から三番目の爵位をもったレディ・キャサリンはダーシーの叔母にあたり、エリザベスとダーシーの結婚の噂を聞いて、慌ててエリザベスに確認に来る。その時に、このレディ・キャサリンが、エリザベスに対してダーシーと結婚しないように説得する場面の台詞が以下である。

Elizabeth: He is a gentleman. I am a gentleman's daughter; so far we are equal.
Lady Catherine: And will you promise me never to enter into such an engagement?
Elizabeth: I will make no promise of the kind.
エリザベス： 彼はジェントルマンですが、私もジェントルマンの娘です。その限りにおいて私たちは同じです。
レディ・キャサリン：決して婚約はしないと約束してくれますか？
エリザベス： そういうことは約束できません。

エリザベスとダーシーの身分の格差をなじり「ダーシーとは結婚するな」と上から目線で恫喝するレディ・キャサリンに対して、エリザベスは「ダーシーと自分は同じジェントリの階級なので、不当な指図を受けるいわれはない」と言い返す。この時の“I will make no promise”は、主語が“I”であることから“will”は意志未来を表す。そしてその後が“make no promise” と否定の “no” が続くことから、「〜するつもりはない」と強い意志を表す。“I will not make promise.” の否定文よりも “no promise” の方が否定の意味が一層強くなる。エリザベスの意志の強さがわかる。

本作の題名でありテーマである『高慢と偏見』を象徴するダーシーは、初めはエリザベスやベネット家の人びとに偏見をもち高慢な振る舞いをする。だがエリザベスとの出会いを重ねることによって、徐々に態度を改め次のように言う。

Darcy: For many months now I have considered her one of the handsomest (most handsome) women of my acquaintance.
ダーシー：何か月間もの間、そして今も、彼女は私の周り人たちの中でもっとも素敵な女性の一人だと思っていますよ。

そしてダーシーは、最後にはエリザベスに自分の愚かさを恥じて次のように詫びる。

Darcy: I have been a selfish being all my life. As a child I was given good principles, but was left to follow them in pride and conceit.
ダーシー：私はこれまでずーっと身勝手な人間でした。子どものときは正しく躾(しつけ)を受けたのにもかかわらず、プライドと自負心に翻弄(ほんろう)されていました。

映像の中で食事の格差を見ることによって、登場人物たちの『高慢と偏見』ぶりがさらに明瞭になり興味深い。本作品が多くの人に愛され人気となる理由がわかる。“a selfish being” の being は a human being と同様「人間」を意味する。

英音声・英字幕で英会話学習！「コンテクスト・アプローチ」
文脈を手がかりにすれば、英語力不足なんて怖くない！

文脈１．自負と偏見から互いを見下し嫌うダーシーとエリザベスが、真実に目覚めていくまでの心の変化。
文脈２．自分たちの生活を確保するために、娘たちを資産家と結婚させようと奮闘するコリンズ家の人々。
文脈３．階級社会の中で、身分の違いから起こる騒動に翻弄される人々。

《第５話》

冒険の先々で

『インディ・ジョーンズ　失われた聖櫃』

アメリカの林檎、ネパールの酒、エジプトのナツメヤシと水たばこ

原題：Raiders of the Lost Ark　　1981年、アメリカ映画

インディアナ・ジョーンズ（Indiana Jones）を主人公とした映画『インディ・ジョーンズ』の４作シリーズは、いずれも世界中で人気になった作品だ。そしてこのシリーズ第一作目が『レイダース／失われたアーク《聖櫃（せいひつ）》』（原題：Raiders of the Lost Ark・1981年）だ。ジョージ・ルーカス（George Walton Lucas Jr.）とフィリップ・カウフマン（Philip Kaufman）の原案をもとにスティーヴン・スピルバーグ（Steven Spielberg）が監督を、ハリソン・フォード（Harrison Ford）がインディ役で主演を務める。

舞台は第二次世界大戦直前、ヒトラーがドイツ首相に就任した３年後の1936年だ。考古学者の冒険家インディが、旧約聖書に記されている「聖櫃」を求めて、ナチス軍との争奪戦をくり広げる冒険活劇である。

物語は、プロローグとして南米アマゾンでの冒険から始まる。その後FBI（Federal Bureau of Investigation＝米国連邦捜査局）からの依頼を受けたインディが、「聖櫃」を求めてアメリカ、モロッコ、エジプトを巡りながら物語が展開する。そして行く先々での食べ物に注意を払うと、興味深

い意外なものが見えてくる。痛快アクションとして大いに楽しめるのはもちろんだが、歴史、宗教、文化的にも貴重な価値をもつ作品としても評価されている。

１》アーク《聖櫃》の争奪戦

「聖櫃」は、約3000年前、エジプトのシナイ山でモーゼが神ヤハウェから授かった十戒（10カ条の掟）を刻んだ２枚の石板を収めた箱であると、旧約聖書に記されている。サイズは112×68×68cm。アカシアの木で造られ、内側外側が金箔で覆われ、紀元前970年〜ソロモン王の統治下、エルサレムの神殿に納められていたという。旧約聖書によると１年に１回、祭司たちは「聖櫃」を外に運び出した。しかし紀元前900年以降、突然「聖櫃」は行方知れずとなった。その理由については諸説ある。エジプト王シシャクの略奪説、祭司たちによる隠匿説、バビロン捕囚がバビロンに持ち帰ったという説、実はエルサレムにあるという説、中世のテンプル騎士団が発見し持ち去ったという説、グラハム・ハンコックのエチオピア説、1909〜11年にイギリス人のモンタギュー・パーカーがエルサレムで発掘したという説、アメリカ軍隠匿説など枚挙にいとまがない。

この「十戒」を記した石板が収められた「聖櫃」を、ナチス軍が血眼になって探す。一方で、考古学に熱い情熱を持ち、大学で教鞭を摂りながら世界中の秘宝を探すインディに、FBIのエージェントから「聖櫃」探しの依頼が来る。

時は、ドイツでナチス党が第一党になり、ヒトラーが総統に就任したころだ。なぜナチス軍はこの「聖櫃」に執念を燃やすのか。侵略者による骨董品や、美術品の略奪は世界中でよく聞く話だが、映画では「聖櫃」がすさまじい力をもつというオカルト的な要素を取り入れ、秘宝に宗教的な神秘性とスペクタクル性も与えている。これによって、観る側の興

味を大いに惹きつける。この秘宝が、反ユダヤのナチス軍の手に渡れば、何が起こるかわからないというわけだ。米国エージェントはインディから「聖櫃」の説明を聞いて、次のように捜索を依頼する。

Agent B: Obviously we've come to the right men.
You seem to know all about Tanis.
エージェント：どうやら君は、我われが探し求めてきた人だ。
タニスについて実によく知っているようだからね。

ここでは、the right men を「我われが探し求めて来た人」と訳している。right men「正しい人」ではなく「まさしくその人」という意味だ。タニスは「聖櫃」が収められている谷の名前だ。

２》男子学生がインディに林檎を渡す

場面は変わって、インディは米国のプリンストン大学で考古学を教えている。ニュージャージ州プリンストンに本部があるこの大学は、多くのノーベル賞受賞者を輩出する名門私立大学である。ここでの授業風景は興味深い。いかにも歴史ある名門校らしい校舎、教室である。インディは考古学の講義をしている。聴講しているのは、ほとんどが女子学生だ。しかも考古学の話などはうわの空だ。どうやら彼女たちの狙いは、男性としてのインディ先生のようだ。中には、瞼に "love you" と書いて、インディにアピールする女子学生もいる。

数少ない男子学生の一人は、帰り際に林檎を一つ、さりげなくインディの机の上に置いて行く。インディが人気の教員であることが分かる。だが、この林檎はただの贈りものではない。男性から男性に林檎を渡すことには、特別な意味があるからだ。それは愛の告白である。中世の頃、女性から男性に言葉で愛を告白することが許されず、代わりにリンゴを手渡すことで気持ちを伝えていたことに由来する。

インディに林檎を渡した青年は、告白したくとも告白できない同性への愛を、「禁断の実」である林檎を渡すことによって思いを伝えていたのだ。世情に疎い考古学者のインディがそれを理解したかどうかはさておき、その場に居あわせた同僚のマーカスは気付かぬふりをして林檎を自分の背広のポケットに入れる。この場面の映像はほんの一瞬だが、学生たちやインディの人となりを映しており見逃せない。

旧約聖書の中でアダムとイヴは、禁じられた木の実を食べたことから、ギリシャの全能の神ゼウスによって「エデンの園」から追放される。この時の木の実「禁断の果実」が林檎だったとされ、色々なメタファー（metaphor: 比喩）として用いられる。

★英語ワンポイント・レッスン "apple of my eye"

"apple of my eye" は目の「瞳」を意味する。さらに
My daughter is the apple of my eye.（娘はかけがえがない）
の意味で用いられる。
the Big Apple（ニューヨーク市）を意味するのは有名だ。ただし林檎にはネガティヴな意味を表すものもあり、使用には注意が必要だ。
apple polish（ゴマをする）だったり、男女の性器を意味するときもあり、「不義」「快楽」を意味するメタファーとしても日常的に使用されている。

では「禁断の果実」がなぜ林檎なのか。ドイツのグリム童話「白雪姫」では、白雪姫は毒林檎を食べて永遠の眠りにつく。つまり、冷涼なヨーロッパで採れる果実といえば林檎だ。旧約聖書の舞台となったエジプト周辺の中近東は、地中海性気候の温暖な気候であったため、林檎は採れなかったはずだ。旧約聖書での「禁断の果実」とは、温暖な気候に適した無花果（いちじく）、梨、葡萄、ザクロ等だったのではないだろうか。「禁断の果実」が林檎となったのは、キリスト教が冷涼なヨーロッパに拡大してからの

ことであろう。物だけでなく、言葉や言葉の意味、宗教までもが、歴史の流れの中で同化され、変化していくことがわかる。

3》ネパールの蒸留酒、ククリラムとラキシー

FBI からの依頼を受けて、インディはアメリカからネパールに向かう。ネパールにはインディが師として仰ぐ考古学者アバナーと娘のマリオンがいる。アバナーは「聖櫃」の所在のカギを握るメダルを所有していた。なぜ、インディの師匠のアバナーがネパールの山脈地帯の辺境にいたのかについては、ここでは明らかにされない。

マリオンは、ヒマラヤ山脈の麓で酒場を営んでいた。その酒場でマリオンがかっぷくの良い男と、お金を掛けて酒の一気飲みの勝負をする。この時に飲んでいる酒が、ネパールではなじみのラム酒、ククリラムだ。ショットグラスに注がれたククリラムを、交互に一気に飲み干す。二人の前には、すでに 10 個ほどの空のショットグラスが並ぶ。どちらが最後まで正気でいられるかを賭ける。

ネパールで飲まれている蒸留酒には、ククリラムとラキシーがある。ともにアルコール度数が 40 ～ 50 度の強い酒だ。映像を見ると酒の色が褐色がかっているので、ククリラムと思われる。極寒のネパールの山脈地帯では、度数の高いアルコール飲料で温まるのが通例だ。映像で、すぐに火が付くことから度数が高いことがわかる。ラム酒のククリラムはサトウキビを原料としている。サトウキビの原産地は、ネパールの隣国のインドといわれており、古代サンスクリット語の「サッカラ」がシュガーの語源であるといわれている。

砂糖の歴史は古く用途も多用だ。薬として奈良時代の日本に鑑真によってもたらされた。イスラム教には断食月に体力保存用に摂取するという伝統もある。

このサトウキビから精製された糖を原料としてアルコールに分解蒸留

したものがラム酒である。一方ラキシーは、米などの穀物を原料とした蒸留酒で、各家庭で作られる。極寒のネパールには、強い酒をショットグラスで飲み干す場面が相応しいことがわかる。

それにしても、インディとマリオンは実にアルコールが好きだ。ネパール以外でも、多くの場面でワインやウィスキーを飲む。そして問題解決となった映画の最後の場面でも、二人は次のように会話する。

Indy: They don't know what they've got.
Marion: Come on, I'll buy you a drink.
You know, a drink?
インディ：やつらは、自分たちが何を手にしたのか解ってないんだ。
マリオン：さぁ、一杯おごってあげるから。
ほら、飲みましょう。

"buy you a drink" で「酒をおごる」の意味になる。

★英語ワンポイント・レッスン "Come on"

"come on" "you know" は字義通りの意味ではなく、「さぁ」「ほら」など、掛け声として口語的に使われている表現である。何でもない表現だが、これらが使えるようになればしめたものである。英会話が上達した証拠だ。使えるようで使えないのが、このような簡単な口語表現である。

4》エジプトのナツメヤシの実（デーツ）と水たばこ

次にインディとマリオンが「聖櫃」の謎を追ってやって来るのが、エジプトのカイロだ。そして二人がカイロの市場を見物しながら食べているのがナツメヤシの実である。これが異国情緒を醸し出す効果を担っている。ナチス軍の手先が、このナツメヤシの実に毒を盛ってインディを殺害しようとする。すると愛嬌たっぷりのサルがそれを食べてしまう。その時インディは、ある老人から「聖櫃」がある場所のヒントを得る。

old man: Wait! And take back one kadam to honor the Hebrew God whose Ark this is.
Indy: You said their headpiece only had markings on one side. You sure?
Belloq's staff is too long. They're digging in the wrong place!
老人：　待て！だが「聖櫃」の持ち主であるユダヤの神に１カダムを捧げよ。
インディ：あんた、奴らが手にした杖飾りは片側だけだと言ったよな。たしかだな？だとするとベロクの杖は長すぎる。奴らは違う場所を掘ってる。

インディはナチスに仕えるベロクたちが間違った場所を掘っていることを知り、これで形勢が逆転する。そして、毒が盛られたナツメヤシの実を食べたサルの死によって、インディは命拾いをする。ナツメヤシの実がアクセントになって大事な仕事をする。

このナツメヤシの実はデーツと呼ばれ、中近東や北アフリカでは日常的によく食べられている。日本ではあまり見かけることがないが、プルーンに似た甘くて栄養価が高い繊維質が豊富な果実である。最近では、東欧セルビア出身のプロ・テニスプレイヤーのジョコビッチが、試合の合間にこのデーツを食べてエネルギーを補給していることで有名になり、日本でも知られるようになった。ナツメヤシの実は、生でも乾燥させても食べることができる。ナツメヤシはヤシ科の植物で、温暖な地域に分布し、栽培には 5000 年の歴史をもつ。映像からも、エジプトの文化に根付いている植物であることがわかる。

インディの宿敵ベロックは、ナチス軍のもとで働くフランス人考古学者だ。マリオンが亡くなったと思い込んだ傷心のインディに、ベロックは優雅に水たばこ（Sheesha: シーシャ）を燻らしながら次のように話す。

Belloq: Jones, do you realize what the Ark is?
It’s a transmitter. It’s a radio for speaking to God.
And it’s within my reach.
Indy: You want to talk to God?
ベロク：ジョーンズ君、君はアークが何なのか解っているのかね？発信機だよ。神と話をするための無線さ。しかも私の手の中にある。
インディー：あんたは神と話がしたいのか？

インディよりも先に「聖櫃」のありかをつかんだと考えているベロックの余裕が、水たばこを燻らす姿からわかる。水たばこは、水たばこ用のガラス製のパイプに、たばこの煙を水にくぐらせ濾過してから喫煙する。このとき、たばこにフルーツやスパイス等の甘い香りを添加することが多いようだ。主に中近東からインドにかけて好まれ、現在でも喫茶店やレストランなどに置いている所がある。

たばこは、アメリカ大陸にルーツをもち、新大陸発見と同時に世界に広まり、500 年余りの歴史をもつ。近年は健康志向の高まりから喫煙を控える傾向にある。それでも飲酒を禁止されているイスラム教徒にとっては、水たばこは紙たばこ同様、リラックスするための重要な嗜好品になっている。

★英語ワンポイント・レッスン　"wrap up"

最後のシーンでの、アメリカのエージェントの台詞。

"Well, gentlemen. I guess that wraps it up."（この件は全て丸く収まったようだな。）

"wrap up" は "終わる" "仕舞いにする" の意味。日常会話でよく使われる。

　インディが行く先々で、舞台となる各地域を代表する食べ物がそれぞれの背景を彩る。アメリカでは林檎が、ネパールではククリラム、エジプトではナツメヤシの実と水たばこが、それぞれの舞台に異国情緒を与えシンボリックに彩る効果を醸し出し、映像に厚みをもたせている。これら無しに『インディ・ジョーンズ　失われた聖櫃』の大ヒットは無かっただろう。

英音声・英字幕で英会話学習！ **「コンテクスト・アプローチ」**

文脈を手がかりにすれば、英語力不足なんて怖くない！

文脈１．考古学者として歴史的遺産の「聖櫃」を守るために命を懸けるインディ。
文脈２．権力拡大のため「聖櫃」をねらうナチス軍。
文脈３．旧約聖書によって伝えられる「聖櫃」の謎。
文脈４．インディとかつての恋人マリオンの恋の行方。

《第６話》

空港内で暮らす人びと

『ターミナル』

ポテトチップス、ハンバーガー、機内食、カンタローニ

原題：Terminal　　2004年、アメリカ映画

東欧のクラコウジア人のヴィクター・ナボルスキー（Victor Navolsky）が、ニューヨークJFK国際空港（John F. Kennedy International Airport）に降り立つ。ところが彼の祖国クラコウジア（Krakozhia、架空の国）は、軍事クーデターによって事実上消滅し、パスポートも無効になってしまう。そのため帰国することも、アメリカに入国することもできない。満足に英語を話すことができないヴィクターは行き場を失い、空港ターミナルの国際線乗り継ぎロビーでの生活を始める。

ニューヨークは「人種のるつぼ」と称される。そしてその国際空港には、様ざまな民族の人びとが行き交う。旅行やビジネスで訪れる人びとだけでなく、空港で働く人びとも、様ざまな民族的多様性をもつ。もちろん彼らが話す言葉も様ざまだ。言葉とは何か、はたして人と人とのコミュニケーションに言葉は万能なのか、とこの映画は問いかけている。監督はスティーヴン・スピルバーグ（Steven Spielberg）、主演のヴィクターをトム・ハンクス（Tom Hanks）が演じる。

1⟫「ビッグ・アップル」V.S.「ポテト・チップス」

物語の冒頭、空港管理局主任のディクソン（Dixson）が、ヴィクターにクラコウジアの状況を説明する。だがヴィクターはディクソンが話す英語が全く解らない。そこでディクソンは、ポテトチップスをクラコウジアに、クーデターを林檎に例えて、英語が解からないヴィクターにクラコウジアの状況を分かりやすく説明しようとする。

Dickson: Imagine that these potato chips are Krakozhia, okay?
And this apple…
Victor: Big apple. Big apple.
Dickson: Big Apple represents the Liberty Rebels. Okay?
No more Krakozhia. Okay?
ディクソン：このポテトチップスはクラコウジアだ。
そして、この林檎は…
ヴィクター：大きな林檎だ。ニューヨークだ。
ディクソン：大きな林檎は自由解放軍としよう。いいかい？
もうクラコウジアは無くなったんだ。解かるかい？

このときディクソンは、ポテトチップスの袋を赤い林檎でたたき潰（つぶ）す。クラコウジアが自由解放軍のクーデターによって倒されたことを、林檎とポテトチップスを例に説明しようとしたのだが、ヴィクターにはまったく通じない。ヴィクターは、Big Apple がニューヨークを意味することを知っていたため、なぜポテトチップスのクラコウジアが林檎のニューヨークにたたき潰されるのかまったく理解できない。ディクソンはディクソンで、ポテトチップスや林檎を例えに使ったのは、たまたまお昼どきにランチボックスを開いたら袋入りのポテトチップスと林檎が入って

CHIPS

いたからだ。

ところで日本人の感覚では、ランチにポテトチップス（？）と思うかもしれないが、アメリカやイギリスではよくある話だ（ただし、イギリスはポテトクリスプと呼ぶ）。さらにアメリカやイギリス、カナダ、オーストラリアでホームステイした日本人から、夕食のメインにポテトチップスが出て来て驚いた、という話はよく聞く。

ここで注意したいのが、ディクソンが言う represent の使い方だ。なぜならこの語は非常に多くの意味に使われるからだ。「表す」「象徴する」「代理をする」「示す」「表現する」「思い描く」など広い意味で使われる。いずれの意味も抽象的で、文脈に強く依存するため、日本人のように外国語として英語を学ぶ人にとっては意味を掴むのが難しい。逆に、この語が上手く使えるようになれば、英語が上達したことを意味する。こういう難しい言葉を習得する秘訣は、意識してこの語を使ってみることだ。使っていくうちに中核的な意味がわかってくる。

２》空港内ハンバーガーショップ

国際線乗り継ぎロビーで生活するために、ヴィクターは食券を数枚渡されるが失くしてしまう。腹を空かせたヴィクターは、空港内のデポジット・カートを１台回収すれば 25 セントが手に入ることを学ぶ。そしてカートで集めた小銭でハンバーガーを買って食べる。その逞しさ、生活力には感心させられる。クラコウジアでの厳しい生活がなせる業であろうか。

a storekeeper: Good afternoon. Welcome to Burger King. May I take your order?
Victor: Keep the change.
店員： いらっしゃいませ。ようこそバーガーキングへ。ご注文は何ですか？

ヴィクター：　釣りは取っておいて。

ヴィクターの英語が少し上達したことが分かる。お釣りをチップとして渡すときの英語のフレーズ keep the change もマスターし、余裕で使っている。それもそのはず、彼は毎晩、空港内のチラシやパンフレットを読んで英語の勉強をしていたのだ。カートを回収した小銭で買うハンバーガーは、いつの間にかキングサイズになっている。カートのコツを掴んで、空港での生活も順調のようだ。

3》機内食で食いつなぐ

だが、カートの回収は長くは続かなかった。ヴィクターの行動は監視カメラによって監視され、彼をじゃま者扱いするディクソンによってカート回収の仕事は没収されてしまう。そんなヴィクターを救ってくれたのが、空港内の掃除を担当するグプタ、貨物輸送担当のジョー、機内食を配達するエンリケなどの移民や空港職員たちだった。

エンリケには思いこがれる女性がいた。その女性についての情報をヴィクターに提供してもらう代わりに、エンリケは機内食をヴィクターに横流しする。彼が提供する機内食は、パンやフルーツサラダ、チキンソテー、ピラフ、グラタン、チーズトースト、スープなど、ヴィクターにとっては豪華な料理だ。

ヴィクターは俄然（がぜん）張りきる。そして提供する情報が核心的なところになるにつれ、提供される食事の量も増えてくる。また、機内食を料理する巨大なキッチンでは、牛ステーキやラザニア、ケーキなど、様ざまな料理が多くの人たちによって手際よく料理され盛り付けられる。一般人が空港を利用しても、なかなか見られない光景だ。JFK 空港では、様ざまな種類の人びとが、様ざまな種類の仕事に携わっていることがわかる。

4》言葉は万能なのか

JFK 空港では多くの移民が働く。彼らの英語は、不完全でしかも様ざまな訛(なま)りがある。それにもかかわらず、彼らはたがいの意思を伝えあい、信頼や友情、そして愛情も育む。一方、空港の監督者ディクソンは、母語である英語を流暢(りゅうちょう)に話すのに、周囲との意思疎通が上手くいかない。また、清掃員のグプタは、通行人が濡(ぬ)れた床で転ぶのを見て笑う。床が濡れているので注意するよう黄色の警告版が置かれているのに、だれも読まず、滑って転ぶ姿を見て楽しんでいる。人は言葉という素晴らしい道具を作り出したにもかかわらず、それらを十分に使い切れていない。どうも言葉だけの問題ではなさそうだ。いったい何が問題なのかと映像は問うている。

Dickson: You can go to New York City tonight.
But you only get to go if we can establish a credible fear.
Victor: Fear? From what?
Dickson: It doesn’t really matter what you’re afraid of.
It’s all the same to Uncle Sam, okay? …
Do you have any fear of returning to your own country?
Victor: Uh, no.
ディクソン：君は今夜ニューヨークに行けるんだよ。
ただそれには、君が物凄く恐怖を感じていることを立証できればの話なんだ。
ヴィクター：恐怖？　何が怖いんですか？
ディクソン：実際、君が何に恐怖を感じているかなんて、どうでもいいことなんだ。アメリカ政府にとってはどんな恐怖でも全部同じなんだ…

　　　　　君は母国へ帰るのが怖いですか？
ヴィクター：いいえ。

ディクソンの台詞 “Uncle Sam” を字義通り日本語に訳すと「サムおじさん」になるが、ここではアメリカ政府を差している。第二次世界大戦時の兵士の召集に使われたポスターのキャラクターが Uncle Sam だ。

アメリカ人なら、これが擬人化されたアメリカ合衆国や政府を差すことはすぐに解る。だが、外国人のヴィクターはそれを知らない。そこでその後「君は母国へ帰るのが怖いですか？」と尋ねるディクソンに対して、Uncle Sam の文化的背景から生まれた文脈が理解できないヴィクターは、「いいえ」と答えてしまう。「はい」と答えれば、今夜にもこの空港を出て、ニューヨークに行くことができるにもかかわらず。

Uncle Sam のように文化的背景と深く結びついている慣用表現は、その文化に属さない人間には理解するのが難しい。人と人とのコミュニケーションに言葉は重要な役割をもつ。だが、それだけでは十分とはいえないことが、相手を理解しようとしないディクソンの対応からわかる。コミュニケーションの良し悪しは、言葉を使う側の姿勢に依存していることを本作品は教えてくれている。

5》イタリア料理　カネロニ（Cannelloni）

空港という限られた世界の中でヴィクターは様ざまな人々と出会う。客室乗務員（flight attendant: フライト・アテンダント）のアメリア（Amelia）もその一人だ。彼女には妻帯者の愛人がいた。そしてその愛人とこれからも付き合うべきか悩んでいた。その様子を偶然見ていたヴィクターは、彼女に惹かれていく。彼女もヴィクターに興味をもち、ヴィクターを食事に誘う。その時に彼女がイタリア料理のカネロニが食べたいという。

国際線に乗って世界各地を飛び回るアメリアは、グルメにちがいない。

東欧の片田舎から来たヴィクターは、カネロニがどんな食べ物で、レストランで食べると、どの位の値段なのかも解らない。周囲の人に聞くと、二人で 40 ドル程の料理であることが分かり、ヴィクターはそのお金を捻出するために働き始める。

カネロニはイタリアのパスタの一種で、ゆでたシート状の生地にリコッタチーズやホウレンソウなどの詰め物をのせて筒状に巻き、トマトソースやホワイトソースをかけてグラタンなどにして食べる料理だ。巻いた形はマカロニを巨大化したように見えるし、春巻きにも見える。ちなみにカネロニとは、イタリア語で大きな「葦」という意味だ。そもそもパスタの起源は中国の餅で、マルコ・ポーロがヨーロッパに持ち帰ったにちがいないということらしい。だが、残念ながら本作品の中でカネロニを食べている映像を見ることはできない。

Amelia: You like Italian food?
I know it's late and you've probably got other plans.
But if you'd like to grab some dinner right out and catch a cab,
I know a place that has the greatest cannelloni.
Victor: No. I can't.
アメリア： イタリア料理はお好きかしら？
時間も遅いし、他に予定がおありでしょう。
でも外に出てちょっと夕飯でもということで、タクシーをつかまえれば、とても美味しいカネロニを食べさせてくれるレストランを知ってるの。
ヴィクター：だめなんだ。

アメリアがヴィクターにカネロニを食べに行こうと誘う場面である。アメリアが言う台詞の中の grab の本来の意味は「つかむ」だが、口語では「素早く食べる」「軽く食べる」などの意味でよく使われる。

この会話をきっかけに、話は大きく展開する。ヴィクターはアメリアに食事に誘われたことが嬉しくて、レストランでの食事代金や着ていく服を新調しようと、空港内での仕事を探し始める。おそらくクラコウジアでは大工をしていたのだろう。偶然にも大工の腕前が認められ、空港改修工事の仕事を得る。

★英語ワンポイント・レッスン　“a bite to eat”

ヴィクターが言い間違える“a bite to eat”は、
“have a bite to eat”“grab a bite to eat”で「軽く食べる」「ちょっと食べる」の意味の口語表現だ。教科書には載らないが、日常よく使われるので是非覚えたい。
Let's grab a bite to eat.　(軽く食べましょう)

6》ヴィクターがニューヨークに来た理由

空港の国際線乗り継ぎロビーでのヴィクターの生活は軌道に乗る。仲間も増え、ヴィクターの英語も上達する。ただ空港管理局主任のディクソンだけは、ヴィクターを空港からどうにか追い出そうと執拗に画策する。

一方、アメリアやグプタ、他の仲間たちの応援を得たヴィクターは一時的だが空港を出ることができる。そしてヴィクターが向かった先は、ニューヨークのダウンタウンにあるジャズホールだった。テナーサックスの名演奏者、ベニー・ゴルソン（Benny Golson）に会うためだ（ベニー・ゴルソンが客演している）。そしてヴィクターがアメリカにやってきた理由が明かされる。その理由を知って、人によっては、こんな理由かと思うかもしれない。だが、今日のせちがらい世の中でも、ヴィクターのように純粋で優しく思いやりのある人がいて、周囲の人々がそういう人を理解し応援するのであれば、ニューヨークもまんざら悪くないなあ、と胸の中がホッコリするにちがいない。

英音声・英字幕で英会話学習！「コンテクスト・アプローチ」
文脈を手がかりにすれば、英語力不足なんて怖くない！

文脈１．空港難民となったヴィクターと、彼を邪魔者扱いする空港管理局責任者のディクソン。
文脈２．ヴィクターと彼を支える空港で働く移民たち。
文脈３．ヴィクターとアメリアの恋の行方。
文脈４．ヴィクターがニューヨークを訪れる理由。

《第７話》

生き方を食に例えて

『フォレストガンプ / 一期一会』

人参と豆、エビ料理、チョコレート

原題：Forrest Gump　1994 年、アメリカ映画

映画『フォレスト・ガンプ』（原題：Forrest Gump）は、1985 年に発表されたウィンストン・グルーム（Winston Groom. 1943-2020）の同名小説が、監督ロバート・ゼメキス（Robert Zemeckis. 1952 ～ ）によって映画化され、1994 年に公開された。

物語は、トム・ハンクス（Tom Hanks）演じる主人公フォレスト・ガンプ（Forrest Gump）が、バス停でバスを待つ人びとに自分の半生を回想しながら進んでいく。

舞台は 1940 年代、第二次世界大戦中のアメリカ南部アラバマ州の郊外グリーンボウ（Greenbow）である。脊髄（せきずい）が曲がっていたために両足に麻痺（まひ）があったフォレストは、歩行は義足に頼らなければならなかった。民宿を営みながら女手ひとつでフォレストを育てていた母親は、フォレストを特別扱いせずに育てたいという考えから、彼を一般公立小学校に入学させる。だがフォレストは、仲間はずれにされ、いじめられる。

唯一の友だちは、父親から虐待を受けていた少女ジェニーだった。高

校に行ってもいじめられるフォレストであったが、あることをきっかけに駿足となり、大学のアメフト選手にスカウトされて輝かしい実績を残す。大学卒業後も、軍隊にスカウトされ、ベトナム戦争に従軍中も特異な才能と素朴で素直な性格をもつフォレストの活躍は目覚ましく、また偶然にも多くの歴史的瞬間に立ち会う。

そしてフォレストと、彼にかかわる大切な人たちとの間には、いつも食べ物が介在する。幼馴染のジェニー（Jenny）とフォレストは「豆と人参（peas and carrots）」の間柄、ベトナム戦争に従軍中に出会った親友ババ（Bubba）とフォレストの関係は、エビ料理とエビ漁が取りもち、そしてママは、フォレストが悩んでいるときには人生をチョコレートに例えて諭してくれる。

１》ジェニーと僕は「豆と人参」

幼少の頃、フォレストの母親は民宿を営んでいた。宿泊していたある青年が、ギターを弾きながらロックを歌っていた。フォレストはその音楽に合わせてダンスを踊る。ギプスを履いてのダンスだから、踊りはギクシャクしていた。

しばらくして町を歩いていたフォレストと母親は、店のショーウィンドウから観たTV画面で、ロックを歌う歌手を見て唖然とする。あの時の青年はデヴュー前のエルビス・プレスリー（Elvis Presley）だったのだ。しかも歌いながら踊るスタイルは、フォレストがギプスを履いて踊っていたスタイルそのものだった。つまりエルビスは、フォレストを真似て踊り人気を得たというストーリーだ。

このときのロック・ダンスをきっかけに曲がっていた脊髄は治り、フォレストの足は回復する。だが、それでもフォレストは、同級生たちからいじめを受ける。フォレストを理解してくれる唯一の友だちは、ジェニーだけだった。そしてジェニーにとっても、彼女を理解してくれる友だちはフォレストだけだった。ジェニーとの最初の出会いは、スクールバスの中だった。

This seat's taken.
It's taken.
You can't sit here.
この席は一杯だよ。
一杯だよ。
座れないよ。

とフォレストは、子供たちから隣の席に座るのを断られる。ちなみに「この席は空いてますか？」と尋ねる時は "Is this seat taken?" という。このときジェニーが自分の隣の席をフォレストに譲る。これをきっかに二人は友だちになる。そしてそんな二人をフォレストは次のように表現する。

Jenny:	I'm Jenny.
Forrest:	I'm Forrest, Forrest Gump.
	From that day on, we was always together.
	Jenny and me was like peas and carrots.
ジェニー：	私はジェニー。
フォレスト：	僕はフォレスト、フォレスト・ガンプ。
	そのときから僕たちはいつも一緒だった。
	ジェニーと僕は「豆と人参」のようだった。

茹(ゆ)でてバターで軽くソテーした "peas and carrots（豆と人参）" は、肉や魚料理のプレートには対になって必ず添えてある。つまり、二人がいつも一緒であることを「豆と人参」に例えて言っている。peas は pea の複数形だ。

西洋ではこのときの豆は主にエンドウ豆で、日本ではグリーンピースと呼ばれ、丸い球形の豆を pea という。同じ豆の意味で使われる bean はソラマメ、インゲン、ササゲ、大豆、コーヒー豆など楕円形の豆のことをいう。日本でもイギリスのコメディアンのミスター・ビーン（Mr. Bean）はよく知られている。Pea にまつわる慣用句は野球やゴルフのボールに使われるが、bean の慣用句は数えきれない。

★英語ワンポイント・レッスン　“beans & peas”

two peas in a pod（うり二つ）　*pod は豆が入っているさやのこと

spill the beans（秘密をばらす）

They have never saved a bean.（一文も蓄えたことがない）

not care beans（少しも気にかけない）

not know beans（全く知らない）

give him beans（彼をしかりつける、ぶん殴る）

old bean（やあ君）

beans（ドル / 小銭 / 無駄話）

２》親友ババとの縁はエビ料理とエビ漁

親友のババとは、フォレストが大学卒業後に入隊しベトナム戦争に従軍したときに知り合う。ババのルーツはアフリカにあって、彼の先祖たちは奴隷やメイドとしてヨーロッパ系アメリカ人の食事を作っていた。そして彼らが代々作る得意料理はエビ料理だった。そんなババが話すのはエビのことばかりだった。

FOREST CHOCOLATE

Bubba: Anyway, like I was saying, shrimp is the fruit of the sea.
You can barbecue it, boil it, bake it, saute it.
There's shrimp kebabs, shrimp creole, shrimp gumbo, pan fried, deep fried, deep fried, stir fried.There's pineapple shrimp ad lemon shrimp, coconut shrimp, pepper shrimp, shrimp soup, shrimp stew,shrimp salad, shrimp in potatoes, shrimp burger, shrimp sandwich.

ババ：とにかく前にも言ったけど、エビは海のフルーツなんだ。
焼いても、茹でても、炒めても、ソテーにしてもいい。
エビの串焼き、エビのクレオール料理、エビのオクラシチュー、エビの唐揚げ、エビフライ、エビ炒め。エビのパイナップル和え、エビのレモン和え、エビのココナッツ和え、エビのペッパー和え、エビ・スープ、エピ・シチュウ、エビ・サラダ、エビ・ポテト、エビ・バーガー、エビ・サンドウィッチ。

バババはエビ料理の種類を羅列する。一方フォレストは、それにじっと耳を傾け聞きながら銃の手入れをし、床掃除をしている。

ちなみに、ババのいうエビ料理はクレオール料理といって、トマト、ピーマン、唐辛子、玉ねぎ、セロリに各種香辛料で煮込んだ、ヨーロッパやアメリカ大陸の食材が混じったスパイシーな料理だ。日本でもババのエビ料理を楽しむことができるレストランがあると聞く。

ババはこの後、ベトナムの戦場でフォレストに見守られながら亡くなる。ベトナム戦争終結後も軍隊に在籍しながらアメリカと中国のピンポン外交で活躍するフォレストであったが、ウォーター・ゲート事件の現場を目撃したことから除隊させられる。その後フォレストは、ババの遺志を引き継いで、エビ漁を始めて成功する。そしてそのお金をコンピューター会社のApple に投資して大金を手に入れる。

3》人生をチョコレートに例えるママ

フォレストのママはどんなときも彼の味方だ。フォレストの足が不自由なことを馬鹿にする大人たちに対しても、IQ（Intelligence Quotient: 知能指数）が公立小学校の規定レベルを満たしていないと言って入学を渋る校長先生に対しても、体を張って彼を守った。フォレストが理解できないことは、いつも解りやすく何かに例えて話をしてくれた。例えば、ママは自分が病気で死のうというときに、彼が理解しやすいよう、解りやすいものに例えて次のように話す。

Forrest: Why are you dying, Mama?
Mama: It's my time. It's just my time.
Now, don't you be afraid, sweetheart.
フォレスト：ママ、なぜ死んじゃうの？
ママ：　順番があってね、私の番が来ただけよ。
だから怖がらないで。

★英語ワンポイント・レッスン　"It's my time."

危篤のママが、自分の死がフォレストの負担にならぬよういう台詞である。
"It's my time. It's just my time."（寿命よ。ただそれだけよ。）
このときの "time" は「寿命」の意味になる。
His time has come.（いよいよ彼の最期が来た。）
また「順番」という意味でもよく使われる。
It's my time at bat.（打順が回ってきた）

ママは自分が死ぬことを心配して怖がるフォレストに、やさしく話す。そして、死は人生の一部であり、人は皆、そのように運命付けられていると諭し、フォレストが自らの運命を切り開いていけると信じていると伝える。それに対してフォレストがママに尋ね、ママが答える台詞が次のものだ。

Forrest: What's my destiny, Mama?
Mama: Life is a box of chocolates, Forrest.
You never know what you're going to get.
フォレスト：僕の運命は何なの、ママ？
ママ：　人生は箱に入ったチョコレートなのよ、フォレスト。
食べるまでは中に何が入っているか解らないものよ。

ここでの get は「食べる」の意味だ。映像でフォレストが手に持っている箱には色々な形や模様をした各種詰め合わせのアソート・チョコレートが入っている。その形や模様を見ただけでは、中に何が入っているかは分からない。それを一口食べてみて初めて、ジャムやミルク、お酒など中身が分かる。

★英語ワンポイント・レッスン　get のコアな意味

"get" の意味は実に多義である、そしてその意味は文脈や前後の語句によって決まる。しかも会話の中では、かなりの頻出語だ。英語を外国語として学ぶ人にとっては実に厄介な語だ。「外から自分の内に入る」イメージの get のコアな概念をもとに、文脈や前後の語句から意味を類推してはどうだろうか。映画やテレビドラマの中で、台詞がどんな使われ方をしているかを知れば、英語も理解しやすくなり、面白さが倍増するにちがいない。

4）激動の中を自然体で生きる

子どもの頃は足にギプスをはめ、小学校入学時にはIQが規定値に満たず、学校ではひどいいじめを受けていたフォレストであったが、激動のアメリカ現代史の中を、幸運と努力を味方にして自然体で生きていく。エルビス・プレスリーによるロック・ミュージックの登場（1950年代）、公民権運動（1963年～）、ジョン・F・ケネディ大統領の暗殺（1963年）、ベトナム戦争（1965年～）、ブラック・パンサー党（1966年）、ベトナム反戦運動（1967年～）、アポロ11号月面着陸（1969年）、ウォータゲート事件（1973年）、米・中のピンポン外交と国交樹立（1979年）、ジョン・レノンの暗殺（1980年）、コンピューター会社Appleの巨大化に見られる産業と経済の変革（1980年代～）、ジェニーの死を通して知るAIDSの悲劇（1981年～）など多くの歴史的現場に、フォレストは偶然立ち会う。映し出されるこれらの映像は、もちろん全て特殊合成撮影によるものだ。

ババが戦死し、上官のダン中尉が両足を失う。ナパーム弾が炸裂するベトナムの戦場の壮絶さは、観る側に戦争の悲惨さを改めて訴える。戦場でフォレストに助けられたダン中尉は、自分の運命が変わってしまったとフォレストを非難し、その後のダン中尉の生活はすさんでいく。

Lieutenant Dan: I should have died out there with my men,…
I had a destiny.
I was supposed to die in the field with honor!
ダン中尉：俺は部下たちと一緒に死ぬはずだった。
俺には定められた運命があった。
俺は名誉の戦死をするはずだったんだ。

★英語ワンポイント・レッスン　be + supposed to ～

"I was supposed to die." は、「俺は死ぬはずだった」の意味だ。Be 動詞が現在形であれば「～することになっている」、Be 動詞が過去形であれば「～するはずだった」と予定を表す。suppose は「考える」「思う」の意味だが、受動態にすることによって、主語または話者の意図が込められる。日常会話ではよく使われるので、是非とも使って身に付けてほしい。

決まっていたはずの自分の運命が変えられてしまったと苦しむダン中尉。一方フォレストのママは「人生は箱に入ったチョコレートのようなもの。食べるまでは中に何が入っているか分からない」という。そして映画の最後、フォレストはジェニーのお墓に次のように語りかける。

Forrest: I don't know if Mama was right or if it's Lieutenant Dan.
I don't know if we each have a …destiny, or if we're all just floating around accidental-like on a breeze.
But I think maybe it's both.

フォレスト：僕には、ママが正しいのか、ダン中尉が正しいのかわからない。
僕たちに運命なんてあるのか、それともそよ風のようにそのときどきの出来事に出会って漂っているのか、どちらなのかは僕にはわからない。
でも僕は両方なんだと思う。

激動する社会の中を自然体で生きる、フォレストならではの言葉だ。そして映画の最初と最後に、スローな主題曲と共に一片の鳥の羽根が風に吹かれて宙を舞う。この羽根はいったい何を意味するのかと、観客に考えさせる。アカデミー賞においては、作品賞、監督賞、主演男優賞など6部門に輝く堂々たる名作だ。

英音声・英字幕で英会話学習！「コンテクスト・アプローチ」
文脈を手がかりにすれば、英語力不足なんて怖くない！

文脈1．運命や出会いに抗（あらが）うことなく素直にひたむきに生きるフォレスト。
文脈2．理想を求めながらも時代に翻弄されるジェニー。
文脈3．フォレストのジェニーに対するひたむきな愛。
文脈4．友人ババの遺志を引き継ぎ、ダン中尉の苦悩に共に向き合うフォレスト。

《第8話》

働く女性たちとニューヨークのグルメ

『プラダを着た悪魔』

原題：The Devil Wears Prada　2006年、アメリカ映画

主人公は、名門ノースウェスタン大学（Northwestern University）を卒業し、ジャーナリストを目指してニューヨークにやって来たアン・ハッサウェイ（Anne Hathaway）演じるアンドレア・サックス（Andrea Sachs）、愛称アンディ（Andy）だ。アンディは幸運にも女性の憧れのファッション雑誌『ランウェイ（Runway）』の編集部に就職する。しかもファッション業界に絶大な影響力を誇る、メリル・ストリープ（Meryl Streep）演じる編集長ミランダ・プリーストリー（Miranda Priestly）のアシスタント職だ。

ミランダはアンディに、仕事だけでなく自分の身の回りの世話まで押しつけてくる、鬼のように横暴で最悪の上司である。今までに何人ものアシスタントが辞めていった。ファッションにはまったく興味がなかったアンディであったが、本来の目標である文芸誌の仕事への足掛かりとして、悪魔のようなミランダの要求に耐え、前向きに働く。ニューヨークの華やかなファッション業界の裏側で奮闘する女性たちは、いったい何を食べてパワーを得ているのだろうか。興味が湧いてくる。

原作は、ローレン・ワイズバーガー（Lauren Wiesenberger, 1977〜　）が、有名ファッション雑誌『ヴォーグ（VOGUE）』の編集長助手であったときの経験をもとに書いた、同名の小説（2003年公刊）である。それを監督デヴィッド・フランケル（David Frankel）が映画化し大ヒットした人気作品だ。

1）面接試験の朝食にオニオン・ベーグルを食べる

入社試験の面接の朝、アンディは近くのベーカリーでパンを買って食べる。このとき彼女が頬張る（ほおばる）パンは紙に包まれていて、何を食べているのか解らない。だがそれがオニオン・ベーグル（onion bagel）であったことが、ランウェイ社のオフィスで“Did someone eat an onion bagel?（オニオン・ベーグルを食べた奴はいるか？）”とミランダの片腕のナイジェル（Nigel）が言ったことで判明する。朝から匂いの強いオニオンなんて食べて、というところだろう。

また、一流ファッション雑誌の面接試験だというのに、アンディの服装も髪も最悪だ。いかに彼女がファッションに興味がなく、ランウェイ社の仕事にあまり乗り気でないかがわかる。なお、仕事の面接試験は、英語では job interview だ。

ところでオニオン・ベーグルのベーグルは、近頃日本でもよく見かける、ユダヤ人発祥といわれるドーナツ形状の硬めのパンだ。牛乳、バター、卵は使わず、小麦粉に水と塩、イースト菌を入れて練って生地を作り、それをいったん茹でてオーブンで焼いたものだ。そのため、日本の柔らかいパンと異なり、どっしりと密度があり、食べ応えがある。生地にブルーベリー、チョコチップ、チーズ等を混ぜ込んだものもある。アンディが食べたベーグルは、ナイジェルがオニオン臭いと言うのだから、スライスした生の玉ねぎとハムや茹（ゆ）でたエビを挟んだサンドウィッチタイプのものと思われる。大学出たての若く健康的なアンディには、栄養もボリュームもたっぷりの朝食だ。

ところが冒頭の映像から解るように、ファッション業界で働く若い女性たちの朝食は、炒(い)ったアーモンドの実と少々のシリアルを口にするだけだ。この対比が面白い。アーモンドの実は、脂肪が少なく食物繊維が豊富なことから、ダイエットや美容志向の日本の女性たちにも好まれている。

さすがのアンディも、少しずつファッションやスタイルを意識しはじめる。料理人のボーイフレンドのネイト（Nate）が彼女のために折角作った美味しそうなグリルド・チーズ・サンドウィッチ（grilled cheese sandwiches）を見ても、お腹が空いていないと言って、食べずにワインだけを飲んで済ませる。グリルド・チーズ・サンドウィッチは、チーズを食パンではさんで、バターを溶かしたフライパンできつね色に焼いたホット・サンドウィッチだ。たしかに夕飯にはカロリーが高いかもしれない。だからダイエットを考えはじめたアンディは一口も食べない。

2》目を覚ますんだ、サイズ6！

自分では仕事を頑張っているつもりのアンディだったが、仕事でミスを重ね、とうとうミランダに「失望した」と言われてしまう。ショックを受けたアンディは、目に涙を浮かべてナイジェルに相談する。するとナイジェルの反応は意外なものだった。なんとナイジェルは「辞めちまえ」とアンディに言い放つ。

Andy: Quit?
Nigel: I can get a girl to take your job in five minutes.
Andy: I'm just saying that…I would just like a little credit for the fact that I'm killing myself trying.
Nigel: Andy, be serious. You are not trying. You are whining. What do you want me to say to you, huh?

Do you want me to say, "Poor you, Miranda's picking on you…poor you, poor Andy"?
Wake up, six.

アンディ：　辞めろですって？
ナイジェル：５分もあれば君の代わりは見つかるよ。
アンディ：　私はただ…へとへとになるくらい頑張っていることを、少しは評価してほしいだけなの。
ナイジェル：アンディ、本気になれよ。本気になろうとしてないじゃないか。愚痴を言ってさ。
君は僕に何て言ってもらいたいんだい？
"可哀そうに、ミランダがいじめるのか。そうか、可哀そうなアンディ"とでも？
目を覚ますんだ、サイズ６！

ナイジェルの言葉にアンディは目を覚まし、心を入れ替える。おそらく思いあたるところがあったのだろう。この後アンディは、仕事にもファッションにも身を入れ、本気モードになって打ち込む。ちなみにアメリカの服の「サイズ６」は標準サイズである。日本の標準のエム（M）サイズよりかなり大きい。「サイズ６」がアンディの呼称になっているのが面白い。

３》T- ボーンステーキとミネラルウォーター

ミランダと彼女の夫との言い争いの現場を目撃してしまったアンディ。ミランダの彼女への扱いはますます容赦ない。カルバンクライン（Calvin Klein）のスカートが必要だ、エルメス（Hermes）のスカーフを 25 枚持ってこい、スター・バックスのコーヒーが飲みたいなどはまだましだ。自分の双子の娘たちのためにハリー・ポッター（Harry Potter）の未刊本を３

New York City
Central Park
Queens
Chellsea
New
Gersey
Soho
Brooklyn

時までに入手しろ、ステーキが食べたいから 15 分で用意しろ、と無理難題を言って要望はエスカレートする。

アンディは街中を走り回り、やっと時間に間に合うように T ボーン・ステーキ（T-bone steak）を用意するが、当のミランダはステーキなどは上の空、食べないと言う。映像に映るステーキは、厚さが 10㎝はありそうな超極厚だ。

T ボーン・ステーキは T 字型骨付き牛肉のステーキで、牛の腰あたりの肉を使うアメリカ人には人気の部位だ。一方、ハリー・ポッターの未刊本は、知り合いのエッセイストのクリスチャンのおかげでどうにか入手でき、危機を乗り切る。これによってミランダのアンディに対する評価は良くなる。ミランダはアンディの本気度を試しているようだ。

一方私生活では、友人たちとの間に距離ができ、ついには恋人ネイトとの関係も微妙になっていく。それでも仕事に突き進むアンディーのもとに、第一アシスタントのエイミ―が行くはずだったパリ・コレクション出張のチャンスが転がり込む。

ミランダたちが会議をしているテーブルの上には、イタリア産の「サンペレグリノ（Sanpellegrino）」の炭酸水の緑の瓶が置いてある。炭酸水といえば、日本では「ペリエ（Perrier）」が有名だ。ペリエはフランス産だから、水の美味しい日本にフランスからわざわざ水を輸入するのかと思うだろうが、ヨーロッパの水は硬水で日本の水は軟水だ。味に敏感な人にはこだわりたいところだろう。ヨーロッパやアメリカのレストランでは、食事の際に炭酸水を注文することがよくある。どこのブランドのミネラルウォーター炭酸水を飲むかによって、その人の好みだけでなく、社会的なステイタスがわかるといわれている。

4》ニューヨークのグルメ事情

“Bubby's”（バビーズ）

アンディのボーイフレンドのネイトは、ニューヨークシティにあるレストラン「バビーズ」で料理人として働いている。「アメリカのおばあちゃん」という意味のこの店は、アメリカのソウル・フードを提供する人気の大衆レストランだ。本編では、アンディの「ランウェイ」での就職が決まり、閉店間近にアンディは、ネイト、友人のダグ、リリィとこのレストランで食事をする。仕事を終えたネイトは白い料理服を着ている。この時彼らが何を食べているかは、残念ながら映像に映らないが、ワインを飲んで楽しく会話に興じている。

じつはこの「バビーズ」、東京にも店舗を構えている。気軽に本場アメリカン・ソウル・フードが食べられるということで、日本の若者たちにも人気だ。アメリカン・ソウル・フードといえば、お馴染みのハンバーガー、ビーフステーキ、フライドチキン、パンケーキはもちろんのこと、エッグベネディクトやミートローフ、チリビーンズホットパイ、アップルパイ、チェリーパイなどのメニューが並び、日本でもアメリカン・フードが手軽に楽しめる。ネイトが働く「バビーズ」はニューヨーク市のハドソン通りにあり、ひと昔前のアメリカを彷彿とさせるお洒落な店構えだ。

“Pastis”（パスティス）

仕事モードがスイッチアップしたアンディは、ミランダが行こうとしていたレストランを事前に察知して予約を入れる。「ミランダの好みなら把握していますよ」と言わんばかりだ。これでますますミランダのアンディ評価がアップする。このときミランダが家族と行くレストランが「パスティス（Pastis）」だ。やはりこのレストランもニューヨーク市のハドソン川沿いにある。５つ星のお洒落で人気の高い高級フランス料理店だ。

この店も実在し、ホームページで見る料理はどれも手が込んでおり、お任せコース料理もある高級レストランだ。一家がそこで何を食べたかは、残念ながら映像で見ることは出来ない。

★英語ワンポイント・レッスン

ここでのアンディーと友人４人の会話の中から、若者たちの英語の口語表現をピック・アップしたものである。

～ sucks. ばかばかしい

～ is a huge deal.　大した人

～ would kill for that.　死に物狂いだ

いずれも若者たちの間でよく使われている。

"Mayrose"（メイローズ）

アンディは、第一アシスタントのエミリーの代わりにミランダに随行してパリ・コレに行く。その直前に彼女はネイトと距離を取ることになる。理由は、仕事に対する考え方の不一致だ。以下は、その二人の会話の一部だ。"break" の意味を確認をしよう。

Andy: Maybe we should take a break.
アンディ：たぶん考え直すいい機会なのね。

そして次は、アンディと父親の会話の一部だ。

Andy: Dad, I swear, this is my break.
アンディ：　パパ、わかって、これは私にとってチャンスなの。

それぞれ異なる場面のものだが、"break" の使いかたに注意が必要だ。"break" は、「休憩」「中断」の意味で知られているが、ここでは、「機会」

「好機」の意味となる。上記はネイトが、仕事に対する価値観が違ってきたとアンディに詰め寄る場面のアンディの台詞、次がアンディの将来を心配する父親に対してアンディが説得する場面である。

この後パリでファッション業界の裏側を目のあたりにして帰国したアンディの表情は、以前のものに戻っていた。アンディとネイトは再会し、互いが進む新しい道を確認しあう。その時に二人が落ちあうのが「メイローズ（Mayrose）」だ。ニューヨークシティのブロードウェイにあり、軽食が中心だがディナーも提供する気軽に立ち寄れる人気店だ。

5）ニューヨークで働く女性たちと「ガラスの天井」

ニューヨークで働き出世する女性の数は、世界のどの大都市よりも圧倒的に多い。そんなニューヨークでも、女性が出世することはかなり厳しいことが本編を見るとよくわかる。ニューヨークで働く多くの女性たちの愛読書は、出世のための自己啓発本だといわれている。

一方、アメリカ第42代大統領ビル・クリントン（Bill Clinton）の夫人で、大統領候補にもなったヒラリー・クリントン（Hillary Clinton）は、選挙戦中にしばしば「ガラスの天井（Glass Ceiling）」という言葉を口にしていた。「ガラスの天井」とは、女性やマイノリティが、資質・実績があっても一定の職位以上には昇進できない組織内の見えない障壁のことをいう。頑張る女性だからこそ、「ガラスの天井」を身に染みて感じたにちがいない。

本編作品の中でも、このような厳しい社会の中で、ニューヨークのファッション業界の女性たちはしのぎを削っている。そしてそのような女性たちのモデルとして登場するのが、ミランダ鬼編集長である。最初は、ミランダのワンマン振りを馬鹿にして反発するアンディだったが、アシスタントとして働くうちに、ミランダの考えや生き方に傾倒していく。そしていつの間にか、アンディ自身も無意識のうちに "Climbing the corporate ladder and getting a promotion（出世街道をまっしぐら）" の道を進む。

だが、パリからニューヨークに戻ったアンディの表情は、意外にも落ち着き輝いていた。いったいアンディがパリで目にしたものは何だったのか、と気になるところであるが、ネタバレになるので、是非とも視聴して確認していただきたい。

「プラダを着た悪魔」という題名に対して、中身は予想に反してシリアスで強いメッセージ性をもつ、なかなかの秀作だ。若者たちが話す口語英語表現も豊富で、英会話学習用としても一推しの作品だ。

英音声・英字幕で英会話学習！「コンテクスト・アプローチ」
文脈を手がかりにすれば、英語力不足なんて怖くない！

文脈１．悪魔のようなミランダ編集長の元で奮闘するアンディ。
文脈２．出世主義のミランダの、女性として、人間としての生き方。
文脈３．アンディとネイトの恋の行方。

《第９話》

ブリティッシュをどっぷり食す

『リトルダンサー』

卵料理、ミートパイ・・サッチャー政権下の炭鉱労働者の食事

原題：Billy Elliot　2004 年、イギリス映画

11 歳の少年ビリー・エリオット（Billy Elliot）は、イギリス北東部のダーラム（Durham）で、炭鉱労働者の父親と兄、そして認知症の祖母と 4 人で暮らしていた。時は 1980 年代後半、労働運動が盛んなころである。「男は強く逞(たくま)しくあらねばならぬ」という父親の方針からボクシングを習わされているビリーであったが、今一つ心から打ち込むことができない。

そんなある日、ボクシングの練習中に、隣で女の子たちがバレエの練習を始める。そのリズムに興味を覚え、いつしかバレエの仲間入りをしていくビリーだった。そしてバレリーナを夢見ながら父親と兄に内緒で練習に励む。

物語は少し重いトーンだが、80 年代のイギリスのロック・ミュージックを随所に取り入れ、美しい街並みや自然の映像を巧みに切り分けて配することによって、バランスの取れた作品になっている。

その中で、ストライキ中に卵を投げつける場面や、炭鉱労働者たちの食事風景から当時の様子が見えてくる。監督はスティーヴン・ダルドリー

(Stephen Daldry)、主演ビリーはジェイミー・ベル (Jamie Bell) が演じる2004年のイギリス映画だが、2012年にアメリカのブロードウェイで、2017年には日本でも日本人キャストによってミュージカルとして上演され、その後何度も上演されている。

1》生卵を投げつけるということ

舞台となる1980年代のイギリスは、「鉄の女」と呼ばれたサッチャー (Margaret Thatcher, 1925-2013) 首相による新自由主義路線の政策が推進されていた。このサッチャー政権によって政治の保守化が進み、社会政策が縮小されていく。また産業革命以降の花形だった石炭産業は、エネルギー源が石油や原子力発電に依存度を高めるなかで衰退し、炭鉱労働者たちは職を失いつつあった。

炭鉱労働者として働くビリーの父と、兄のトニー (Tonny) たちの働く環境も厳しくなる。そのため本編映像からも解るように、ストライキは日常的になり、それを取り締まる機動隊と炭鉱労働者との衝突が激しくなっていた。トニーはリーダーとしてストライキの先頭に立つが、父親は、先鋭化するトニーの身を案じる。だが労働者たちがストライキをする一方で、経営者側がストライキ労働者の穴埋めとして雇い入れた人びとがいた。彼らはスト破り (replacements)、スキャブ (scab) と悪党呼ばわりされる。スト破りの給料が通常より高額であること、経営者側について働くことから、ストライキ労働者側から敵視される。本編のなかでも、ビリーの父とトニーが、食料品店で買い物するスト破りに対して次のように言う。なおトニーの台詞は、主語のyouが省略されている。

Tonny: Got enough food there, scab?
Dad: Scabs eat well, eh?
トニー：沢山食い物を買ったもんだ、このスト破りめ。

ダッド：悪党は良いものを食ってるな。

スト破りが乗るバスは、罵声を浴びせられ生卵をぶつけられる。ぶつけるのは悪臭を放つ腐った生卵だ。屈辱を味あわせるのが目的である。このような卵の使われ方は、とくに映画やＴＶドラマなどではよく目にする。一方、卵の料理も数多く映し出される。ビリーが祖母（grandma）のために用意する朝食には、トーストに茹で卵が２つ添えられている。

ヨーロッパやアメリカでは、昔から良質なたんぱく源として食べられている卵料理だが、それらの名前や、卵にまつわる慣用表現は数えきれない。覚えておくと便利だ。

★英語ワンポイント・レッスン　卵にまつわる英語 / 卵料理：

fried egg: 卵焼き / sunny-side up: 片面焼きの目玉焼き / over easy: 両面焼きの目玉焼き /over-medium: 中くらいの両面焼きの / omelet: オムレツ / eggs Benedict : エッグ・ベネディクト /hard-boiled egg 固ゆで卵 / soft-boiled egg 半熟卵 / scrambled egg: スクランブル・エッグ / poached egg: ポーチド・エッグ / devilled eggs: デビルド・エッグ / scotch eggs: スコッチ・エッグ

卵料理に関する慣用表現：

egg yolk, yellow: 卵の黄身 / egg white, white: 白身 / a rotten egg: 腐った卵 /eggcup: ゆで卵立て / crack an egg: 卵を割る / beat an egg: 卵をかき混ぜる / beat up an egg: 泡立てる /peel a hard-boiled egg: ゆで卵の殻をむく / The eggs have gone bad.: その卵は腐ってしまっている。

本編の後半部では状況が一変し、スト破り側に転じたビリーの父親が、仲間から生卵を投げつけられる。ビリーの願いをかなえてやりたい父親の思いが伝わる、感動の場面だ。

2》ウィルキンソン先生の家の食事

ビリーにバレエを教えるウィルキンソン先生（Mrs. Wilkinson）の家は、ビリーの家よりも裕福な地区にある。ビリーが炭鉱労働者用の集合住宅に住んでいるのに対して、彼女は薔薇の花に囲まれた瀟洒（しょうしゃ）な家に住む。バレエをすることを反対され、初めて父親に反抗したビリーは、自分のバレエの才能に期待してくれるウィルキンソン先生に相談に来る。ウィルキンソン先生は次のようにビリーを励ます。

Mrs. Wilkinson: You should stand up to him.
ウィルキンソン先生：お父さんに立ち向かうしかないわね。

ウィルキンソン先生は突き放すように答えるが、内心は心配している。stand up to 〜は、「〜に立ち向かう」の意味で、映画やTVドラマにはよく出てくるフレーズだ。ちなみに、stand は「立つ」の意味以外に、「〜を我慢する」の意味で日常口語ではよく使われる。

★英語ワンポイント・レッスン　"stand up to 〜 /stand 〜"

否定文・疑問文と共に使用する。

I was afraid to stand up to him.（彼に立ち向かうのがこわかった。）

I can't stand the man.（私はその男が大嫌いだ。）

Can you stand people slurping soup?（音を立ててスープを飲むのに我慢できますか。）

ウィルキンソン先生の夫は炭鉱企業の管理部門で働いている。居間には東洋の大きな扇子が飾られており、いかにも東洋好みの裕福な家といったところだ。ティータイムだろうか、ビリーはフルーツパイとサラダな

どをご馳走になる。先生と先生の夫はワインを飲む。何から何まで格が違う。ビリーはその違いを、どう思っただろうか。

ビリーの祖母（nanna：お婆ちゃんの愛称）は子どもの頃バレエを習っていたことがあり、ビリーのバレエへの夢を応援したいと思っている。だが、息子であるビリーの父親に口を出すなと言われてしまう。ビリーと父親が言い争っている場面では、祖母は不安な顔でミートパイを食べながら二人の会話を聞いている。

ミートパイはイギリス北部を中心とした伝統料理だ。肉を詰める生地（きじ）には、パイ生地、マッシュポテト、クッキー生地のものがある。肉は豚肉や羊肉、シーフードなどを細かく挽いたものを入れて焼く。クリスマスにはフルーツが詰まったミンスパイ（mince pie）を食べるのが定番だ。近頃は日本でも、パン屋でミートパイをよく見かけるが、多くは層になったパイ生地のものが多い。羊肉を詰めて、マッシュポテトの生地に挟んだシェパーズパイ（shepherd's pie）は、宮崎吾郎監督のアニメ作品『アーヤと魔女』（2021 年劇場公開）にも登場する。

クリスマスの夜、父親は亡き妻の形見のピアノを斧で叩き割り、それを暖炉の焚き付けにして暖を取る。妻の形見を焚き付けにしなければならないほど、ビリーの家の財政事情は厳しかった。父はピアノを火にくべながら声を出して泣く。妻に対して申し訳ないという想いと、自分の不甲斐なさを嘆いている。そしてクリスマスディナーに食べていたのが、チキンと野菜のローストだけの質素なものであった。

3》ステレオタイプが生む閉塞感

ビリーに対して、男は男らしくボクシングやサッカーをするものだ。バレエなんかは女の子がするものだという父親は、固定観念に縛られたステレオタイプの持ち主として描かれている。本作品では、ところどころにジェンダー（性差）に対するステレオタイプ化された台詞が登場する。

それらの中から次の２つの台詞を紹介したい。

Dad: Ballet? Aye, for your nanna. For girls, not for lads, Billy.
Lads do football, or boxing, or wrestling.
Not friggin' ballet.
ダッド：バレエだって？　お婆ちゃんのような女の子のためのものだ、男はだめだ、ビリー。
男子はサッカー、ボクシング、レスリングだ。
チャラチャラしたバレエなんてだめだ。

男はサッカーやボクシングやレスリングなど、体力や腕力を競うスポーツをするものであって、バレエのような美しさや優雅さを表現するチャラチャラしたものは女がするものだ、という固定観念をもつ父親であることが解る。一方、兄のトニーも次のように父親に言う。

Tony: Will you stop being an old fucking woman?
トニー：口うるさく言うのは止めてくれ。

男性に old woman と言う場合は、「こ煩(うるさ)い心配性の人」ということを意味する。高齢の女性は口煩く心配性だ、という固定観念から派生した慣用表現だ。一般的に用いられている慣用表現なので、特筆するまでもないと思われるが、無意識に不用意に使ってしまうところに、ステレオタイプな思考が人びとの間に浸透していて、根が深いことがわかる。だからこそ、解決することが難しい。この映画のいたるところにステレオタイプな思考による閉塞感が漂っている。それにしても炭鉱労働者のストライキとバレエの映像の対比は面白い。

物語は、「男は男らしく」というステレオタイプな思考の延長線上に、ビリーの友人マイケル（Michel）の性同一障害のテーマが加わる。彼はビリーに次のように愛を告白する。

Billy: What do you reckon?
Michel: I think you shouldn't bother.
Billy: Why not?
Michel: I'd miss you.
ビリー： どう思う？
マイケル：困らせたらだめだよ。
ビリー： どうして？
マイケル：僕がさみしくなるから。

ビリーがロンドンのロイヤル・バレエに行くことについて、マイケルに相談に来た場面だ。イギリスでは recon は think と同じ「思う」「考える」の意味で使われ古英語の名残(なごり)だ。アメリカではあまり使われない。

マイケルは姉の服を着て赤い口紅を付けている。彼が性同一障害であることがわかる。そして彼の父親もそうである。この後、マイケルは少しずつ自分の思いをビリーに伝える。次の台詞は、クリスマスの夜に、マイケルがビリーの冷たい手を自分の懐(ふところ)に入れて温めてあげる場面だ。

マイケルはビリーの頬にキスをする。そのときのビリーの反応だ。

Billy: Just 'cause I like ballet.
It doesn't mean I'm a poof, you know?
Michel: You won't tell anyone, will you?
Billy: Come on.
ビリー： バレエをやってるけど、僕はホモじゃないよ。
マイケル：他の人には言わないで。
ビリー： 言うわけないだろう。

ビリーは、マイケルに釘を刺しつつ、優しくマイケルのありのままを認める。二人の友情がこれからも壊れることなく続くことがわかる。

★英語ワンポイント・レッスン　"Come on."

口語で "Come on!" は、「まさか」「全く」「うそでしょう！」などの意味で、相手の言ったことに対して、驚いた気持ちを言い添えるときに使うこともあるので注意が必要だ。日本人はこういうとき "Really?!" と言うが、この "Come on!" も使ってみたいものだ。

4》イギリス北東部なまりと若者言葉

本編はイギリス北東部訛(なま)りが強く、アメリカ英語に慣れている日本人にとっては聞き取りが難しい。しかし言葉は本来、使用される国や地域、社会・集団によって、発音や抑揚、語の使い方が微妙に異なるものである。その中でも、国際的な共通語として多用されている英語の発音が、多様であるのは当然だろう。

その多様な英語の片鱗に触れる良い機会として、このイギリス北東部訛りを楽しんで欲しい。とくに次の単語の発音に注意して視聴すれば、大いに楽しむことができるはずだ。

understand/ prepare/ money/ month/ ballet

また強調語にも注意が必要だ。とくに若者の間では、接頭辞のように強調語を使うことが多いが、実際に使うときには注意が必要だ。

★英語ワンポイント・レッスン　“I'm a bloody teacher”

a bloody teacher　　ただの先生

Yes, you bloody well do.　　わかってるさ、お前はちゃんとわかってる

fuck well!　まったくそのとおり！

fucking ballet t ？　くそバレエだって？

piss poor　ひどい貧乏

piss off！　さっさと立ち去れ！／うんざりだ！

ネタバレになるが、本編の最後に登場する25歳に成長したビリーを演じるのは、当時、英国ロイヤル・バレエ団の名ダンサーであったアダム・クーパー（Adam Cooper）だ。このときアダム・クーパーが踊るのは、現代演出家マシュー・ボーン（Matthew Bourne）によってアレンジされた『白鳥の湖』だ。また80年代イギリスのロック・ミュージックが、随所に効果的に使われており、ロック好きにはたまらない。ブリティッシュ尽くしのミニ・シアター系の一推し作品である。

英音声・英字幕で英会話学習！「コンテクスト・アプローチ」
文脈を手がかりにすれば、英語力不足なんて怖くない！

文脈１．家族の反対にあってもバレーダンサーを夢見、練習に打ち込むビリー。

文脈２．ビリーの才能に期待するウィルキンソン先生の励ましと応援。

文脈３．ビリーの夢に対する家族それぞれの想い。

文脈４．炭鉱労働者たちの経済的な厳しさと、ストライキ運動によって漂う閉塞感。

《第 10 話》

時を超えてフレンチの魅力を

『ジュリー & ジュリア』

フランス料理 524 種類のレシピ本 “Mastering the Art of French Cooking”

原題：Julie & Julia　2009 年、アメリカ映画

本作品は、1961 年に 524 種類ものフランス料理の英語レシピ本を出版した、料理研究家のジュリア・チャイルド（Julia Child.1912-2004）と、2002 年にそれら全種類を一年かけて料理しブログにのせたジュリー・パウエル（Julie Pauel.1973-2022）の、二人の実話を時間を越えて同時進行させて描いた複線構成の作品である。

ジュリアを演じるのがメリル・ストリープ（Meryl Streep）、ジュリーを演じるのがエイミー・アダムス（Amy Adams）、そして二人のそれぞれの自伝本をもとにノーラ・エフロン（Nora Ephron）が監督・製作している。

ノーラ・エフロンは、ヒット映画『ユー・ガット・メール』（原題：You've Got Mail. 1998）の監督だ。さまざまなフランス料理を中心に、ジュリーとジュリアが、異なる時代の異なる場面で、軽妙でウィットに富んだ会話を繰り広げるヒューマン・コメディである。

1》戦後を生きた料理研究家ジュリア・チャイルド

第二次世界大戦が終わってから 4 年後の 1949 年、かつて政府機関で働いていたジュリアは、外交官の夫の転勤のためにパリに住むことになる。レストランで食べたヒラメのムニエルの美味しさに衝撃を受けたジュリアは、一流のフランス料理学校「ル・コルドン・ブルー（Le Cordon Bleu）」で料理を習い始める。

初級クラスに満足しないジュリアは、初心者にもかかわらず強引に上級のプロ向けクラスに入り、努力を重ねて料理の腕を上げていく。フランス料理のレシピ本に英語版がないことを知ったジュリアは、英語でレシピを書くことを思いつき、8 年間の紆余曲折を経て、"Mastering the Art of French Cooking（フランス料理の芸術の極意）" を出版する。本はベストセラーになり、ジュリアはテレビの料理番組にも登場するようになる。そしてそのユニークな人柄から、お茶の間の人気者になり、50 年経ってもその料理番組は TV で放映されている。

2》料理は科学実験

キッチン・テーブルの上にはボールに入った何種類ものマヨネーズが並んでいる。まるでマヨネーズの実験でもしているようだ。そばで夫のポール（Paol）が、それらのマヨネーズの味見をしている。ジュリアによれば、マヨネーズ作りの秘訣は、黄身を泡立てる前に、ボールを温めておくことだと考えついて、次のように言う。

Julia: Foolproof mayonnaise. Absolutely foolproof.
ジュリア：誰でも簡単に作れるマヨネーズ。じつに簡単。

BUTTER
OIL
Vineg

Julia: "Scientific workability. That's my motto.
ジュリア：料理は科学実験です。それが私のモットー。

ジュリアは少々自慢気だ。"foolproof" は直訳すると「ばかでもできる」の意味だが、それが「誰でも簡単にできる」と意味が拡張して使われる慣用表現だ。玉ねぎをスライスする場面や、生クリームを泡立てる場面と同様に、ジュリアは一心不乱にマヨネーズをかき混ぜる。どうやら彼女は、一つのことに没頭すると夢中になるタイプだったようだ。

3》ソースは企業秘密

フランス料理はソースが命といわれるほど、素材を引き立てる多種多様なソースがある。次は、ジュリアが知りあいの編集者にソースのレシピを書いて送った手紙の文面だ。

Julia: There are people who would love nothing more than to steal this hollandaise recipe.
ジュリア：このオランデーズ・ソースのレシピを盗むことが、何よりも大切だと考える人たちがいます。

オランデーズ・ソース（sauce hollandaise）は、フランス料理のソースの一つで、魚や野菜にかけるクリーム状のソースだ。卵黄やバターと、レモンジュースまたは酢に調味料を加えて作るソースで、マヨネーズに似ている。エッグ・ベネディクトのポーチド・エッグの上にかけるソースが、このオランデーズ・ソースだ。ジュリアは、このソースの自分流レシピを手紙に書いて送ったのだった。一方、ジュリーもこのジュリア流オランデーズ・ソースを再現して、アンティチョーク（artichokes）につけて食べる。

4》現代を生きるジュリー・パウエル

ジュリーは現代（2002年）に生きる女性だ。夫と猫とニューヨークのクィーンズのアパートに住み、マンハッタンにあるLMDC（Lower Manhattan Development Corporation）で働いている。LMDCは、2001年3月11日にテロ攻撃を受け崩落した世界貿易センター（World Trade Center）の２つのビルの再開発を担う、アメリカ政府が資金を出し、ニューヨーク州が運営する公社である。

そこでのジュリーの仕事は、ビルの崩落によって犠牲になった人びとの家族や友人など、今なお苦しみや悲しみから立ち直れずにいる人びとからの電話相談に対応することだった。通勤するときも、崩落ビルの跡地が再開発されるのを横目で見ながら通り過ぎていく。毎日、悲惨な現場を目にするわけだから、ジュリーには逃げ場がなく表情が暗いのも頷ける。そんな彼女を癒してくれたのが料理である。

5》ジュリア・チャイルドのレシピの再現に挑戦

そんなジュリーが本作の中で最初に作るのがチョコレート・クリームパイ（chocolate cream pie）だ。大胆に簡単そうに作っているが美味しそうだ。夫のエリック（Elic）も “It's a masterpiece.（絶品だ！）” と言ってつまみ食いをする。そしてその次に作るのがブルスケッタ（Bruschetta）だ。

ブルスケッタはオリーヴ・オイルやガーリック・オイルをパンに塗って焼くイタリア中部の郷土料理だ。ブルスケッタとはイタリア語で「焼く（to toast）」という意味である。本作の中では、スライスしたフランスパンをたっぷりのオリーヴ・オイルに浸してフライパンできつね色に焼き、その上に、刻んだトマトやパプリカ、オリーヴ、バジルなどの野菜を塩コショウで味付けして山盛りに載せ、赤ワインを飲みながら食べる。さすがに役者だ。手に取ってかぶり付き、じつに美味しそうに食べる。この時の夫との会話の中で、ジュリーがジュリア・チャイルドの料理を作ってブログに載せようということになる。

6》「鶏肉のクリームとマッシュルームとポートのソース添え」

ジュリアのレシピをもとに料理を作りブログに載せるようになってから、ジュリーの生活や仕事ぶりは見違えるように生きいきとして前向きになっていく。「鶏肉のクリームとマッシュルームとポートのソース添え（Chicken with cream, mushrooms and port）」を作っている場面では、バターで炒めたマッシュルームに生クリームを入れてソースを作る。そのソースの隠し味にポートワインを入れ、出来上がったソースの上にグリルした鶏肉を置く。次の台詞はマッシュルームを炒めている場面である。

> Julie: Don't crowd the mushrooms, otherwise they won't brown.
> ジュリー：マッシュルームを入れすぎないこと。そうしないとソースが茶色くなってしまうから。

この台詞の中で使われている "crowd" は「混雑する」の意味が馴染深いが、ここでは他動詞の「沢山入れる」という意味だ。また、won't（=will not）の音が日本人にはなかなか聞き取り難く、使うのも躊躇してしまう。苦手意識があるかもしれない。克服するためには使ってみることだ。使うと耳が音に慣れ、少しずつ聞き取れるようになる。「発音できない音は、聞き取れない」という教えもある。

友人が訪問してきた場面で、ジュリーが作ったポーチド・エッグにオランデーズ・ソースを載せたエッグ・ベネディクトを三人で食べている場面である。そのときジュリーは、卵を食べるのは今日が初めてだと言う。

それを聞いて驚いた友人は、どうやって今まで卵を食べずにいられたのかと尋ねる。するとジュリーは次のように答える。

Julie: I've had eggs in, like, cakcs. Never had an "egg" egg.
I was a very willful child.
ジュリー：ケーキなどに入ってる卵は食べるけど、見て卵というのは食べたことがないわ。
私ってかなり頑固者だったの。

ジュリーは自分が子どもの頃、ADD（Attention Deficit Disorder: 注意欠陥障害）であったことを夫のエリックに伝えていたが、このとき、友人に自分がかなり頑固な子どもだったと告白する。そして自分になかなか自信がもてないこと、母親が心配してよく電話をかけてくる理由が見えてくる。だがエリックから次のように言われると、ジュリーは俄然やる気になる。

Elic: You are the third most popular blog on salon.com.
エリック：君のブログは、"サロン・ドット・コム"の中で三番目に人気だぜ。

★英語ワンポイント・レッスン

"You are the third most popular blog"

ここで興味深いのが、主語の "you" が補語の "the third most popular blog" と Be 動詞でつながることだ。本来ならば、you write the third most popular blog となるところだろうが、会話の中ではよくあることだ。

そしてジュリーは、ジュリア・チャイルドのレシピを再現し、それをブログに載せることで、見違えるように生きいきとしてくる。

7》「ジュリア流ブルゴーニュ風牛肉の赤ワイン煮」の再現

ジュリーはジュリアのレシピ「ジュリア流ブルゴーニュ風牛肉の赤ワイン煮（Julia's Boeuf bourguignon）」の再現に挑戦する。出版社の編集者をもてなすためだ。フランス語で Boeuf は「牛肉」を、Bourguignon は「ブルゴーニュ風」を意味する。大き目に切った牛もも肉の角切りを買ってきたら、一つずつクッキングペーパーで肉についている血を丁寧に拭き取る。それを油で表面に焦げ目をつけ、深めの鍋に移し入れ、玉ねぎやニンジンなどの野菜と赤ワインを入れて２時間半煮込む。ところが、料理は出来上がるが、客人は急に来られなくなる。落ち込むジュリーにエリックは次のように言う。

Eric: But on the bright side, more stew for us.
Judy: Just for once, could you not look on the bright side?
Eric: Yeah. Well, it's not the end of the world.
エリック：でも良いこともあるさ、赤ワイン煮が沢山食べられる。
ジュディ：ちょっと待って、楽観的にならないでくれる？
エリック：うん。でも世界は終わりじゃないぜ。

look on the bright side「明るい方を見る」「楽観的になる」という慣用表現だ。

そして、赤ワイン煮に塩を振りかけて食べるエリックに対して、ジュリーがかける言葉が次だ。

Judy: Is it bland?
Eric: Not anymore.
ジュディ：　味が薄かった？
エリック：　もう大丈夫。

このエリックの行動が、ジュリーを激怒させる。彼女は、出来上がった料理に塩をかけるのは、味付けに不満だと解釈したのだ。これをきっかけに二人は仲たがいして、エリックは家を出て行ってしまう。

8)「ジュリーとジュリア」の名言集

ジュリア・チャイルドの夫ポールが、内輪のバレンタイン・パーティの席で、妻に改めて想いを伝える場面である。ジュリアをバターに、自分をパンに例えて、いかにジュリアが自分にとってなくてはならない存在であるかを、列席者の前で感謝を込めて述べるのが次の台詞だ。上手な比喩表現を用いると、想いを強く伝えられることがわかる。

Paul: Julia, you are the butter to my bread, and the breath to my life.
I love you, darling girl.
ポール：ジュリア、僕がパンだとすれば君はバターだ。そして僕が生きるための活力だ。愛してるよ、最愛の君。

一方ジュリーは、バターが料理のなかでいかに大切な役割をはたしているかを語る。フライパンの中には大きな塊(かたまり)のバターが三つも入っている。料理のうま味に何が隠されているのか言葉で言い表しがたいときは、いつもバターが隠れた力を発揮しているものだ。そして次の台詞で、バターは無限の力をもっていると絶賛する。

Julie: You can never have too much butter.
ジュリー：バターが多すぎるなんてことはない。

ジュリーの料理のブログが人気となり、ニューヨーク・タイムズの記者が家にインタビューにやって来た場面である。ジュリーの台詞にある her とは、ジュリアのことだ。ジェリーが料理をしているときは、いつもジュリアが見守っていると感じるほど、ジュリアの存在が大きなものになっていた。

Judy: I have conversations with her while I'm cooking.
And I feel like she is there with me in the kitchen.
an editor: She's like your imaginary friend.
ジュディ：私は料理をしているときに彼女と話をしているんです。
キッチンにいるときは彼女がそばにいるように感じるんです。
記者：彼女はあなたにとって心の友みたいなものですね。

最後に、ジュリーとエリックがスミソニアン博物館（The Smithsonian Museum）に行き、ジュリア・チャイルドの展示コーナーを見学に行く場面である。ジュリーはジュリアの写真の前に立ち止まる。そしてエリックに次の一言を告げる。何でもない台詞だが、日本人には咄嗟(とっさ)に出てこない英語である。これが自然に出てくるようになれば、かなり英会話が上達したことになる。

Julie: Just give me a second.
ジュリー：ちょっと待ってて。

そして、彼女は、ジュリアの写真の前に、ジェームズ・ファーム（James Farm）の無塩バターを置いて立ち去る。まるで感謝の花をたむけるように。そして次の言葉だ。

Julie: I love you, Julian.
ジュリー：愛してるわ、ジュリア。

ジュリアの何に対する感謝だったのだろうか。ジュリア・チャイルドの 424 種類のレシピを再現し、ブログを書くことで、ジュリーは何を得たのだろうか。心温まる秀作だ。

英音声・英字幕で英会話学習！「コンテクスト・アプローチ」
文脈を手がかりにすれば、英語力不足なんて怖くない！

文脈 1．ジュリアがフランス料理のレシピ本を出版するまでの熱意と頑張り、そして紆余曲折。
文脈 2．ジュリアのレシピを再現することによって、自分自身を再発見し自信を取り戻すジュリー。

《第 11 話》

服役囚たちの食事から見えてくるもの

『ショーシャンクの空に』

服役囚の食事、タバコ、アップル・パイ

原題：The Shawshank Redemption〈ショーシャンクの贖罪〉

1994 年、アメリカ映画

舞台は 1947 年、第二次世界大戦後間もないアメリカ最北東部に位置するメイン州だ。ティム・ロビン（Tim Robbins）演じる有能な銀行家のアンディ（Andy）ことアンドリュー・デュフレーン（Andreu Dufresne: Tim Robbins）は、妻とその愛人殺しで二回の終身刑を言い渡され、ショーシャンク刑務所に送られる。無実の罪を着せられた冤罪であった。

刑務所では、情け容赦ない暴力、心理的虐待、嘘の告発、賄賂などが横行していた。それでもアンディは、服役囚たちの生活環境を改善しようと心を尽くし刑を勤める。銀行で身につけた金融の知識を、刑務所の看守や所長たちに提供して、彼らに税金逃れや有効な金融投資の方法を教えていた。

一方アンディは、モーガン・フリーマン演じるレッド（Red）と親しくなり、彼と話をすることが彼の心の拠り所となる。刑務所での食事風景や口にする物から、当時の刑務所の様子を垣間見ることができる。原作は、ホラーの名匠スティーヴン・キング（Stephen King）の小説「刑務所のリタ・

ヘイワース(Rita Hayworth and Shawshank Redemption. 1982 年発表)」。監督・脚本をフランク・ダラボン(Frank Darabont)が務め、これが彼の出世作となる。

1》"Fresh fish!" とヤジを浴びせる

冤罪にもかかわらず二回の終身刑を言い渡されたアンディは、他の新入りの服役囚たちと一緒にショーシャンク刑務所に到着する。

大勢の古参の服役囚たちが到着を待ちかまえ、ヤジを飛ばす。彼らは新入りたちが来るたびに、ヤジを浴びせて服役囚たちを恐怖に陥れ泣かせては楽しんでいた。それればかりか、最初に泣く新入りにタバコを賭けていたので、彼らのヤジはますますエスカレートしていった。一人の新入りがついに泣き出し、看守たちは泣いた彼を引きずり出し暴力を振るう。そしてついにその新入りは死んでしまう。冒頭から、暗く強烈な場面が続く。この時のヤジが次である。

Fresh fish! Fresh fish! Fresh fish! 腰抜け! 腰抜け! 腰抜け!

"fish" は当然「魚」の意味だが、俗語として「まぬけ」「新米」「よそ者」「新顔の囚人」を意味する。慣用表現も多い。

★英語ワンポイント・レッスン "Fresh fish!"

a big fish「井の中の蛙」「小さな世界で威張っている人」
a cold fish「異常なほど無表情で冷酷なやつ」
an easy fish「だまされやすい女」
fish day「肉食禁止日」
fish story「ほら話」

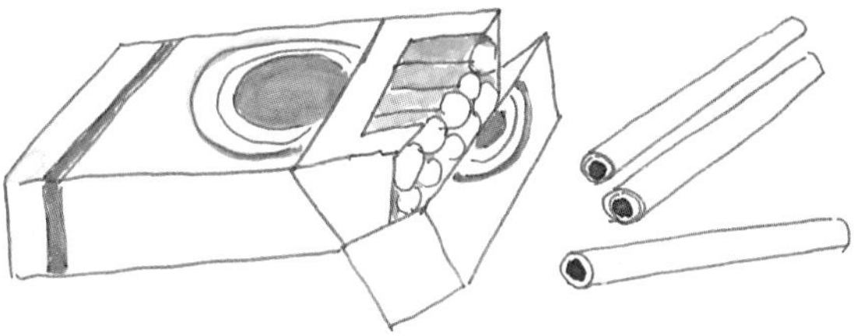

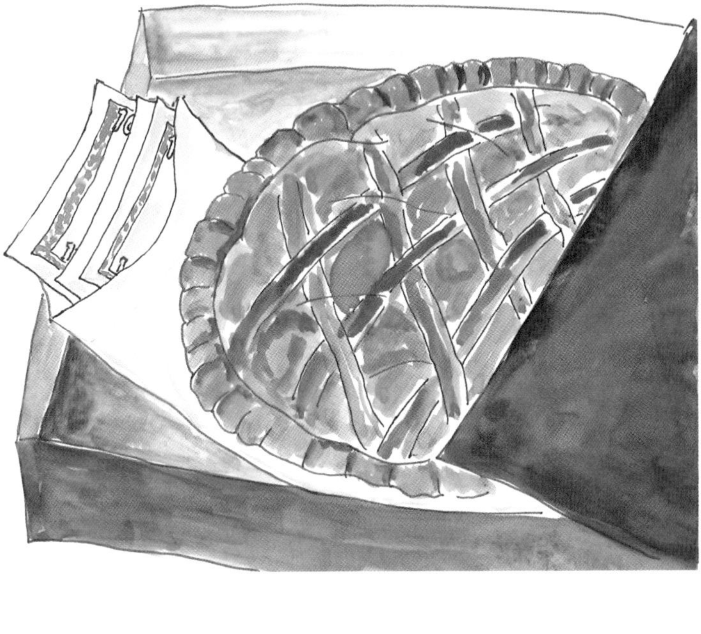

またアンディはレッドに次のように言われる。

Red:　Rumor has it you're a real cold fish.
レッド：　噂じゃ、あんたは冷たくお高くとまった奴だってことだぜ。

it は仮目的語で you're a real cold fish を受けている。

2》初めて口にする食事の衝撃

翌朝、アンディは朝食を食べに食堂に行く。初めての刑務所の食事だ。食堂はかなり混雑していた。その中にはレッドたちのグループもいる。アンディはそのグループの近くの席に座る。アンディが運んできたアルミ製のプレートの上には、オートミール（oatmeal）、林檎、パン、ライスが載っている。服役囚たちは、安全上の理由からフォークやナイフを使うことはできない。そのためすべてをスプーンだけで食べる。

アンディはプレートのオートミールの中に蛆虫（うじむし）を一匹見つける。それを手に取ったアンディを見て、一人の老人が "Are you going to eat that?（それを食べるつもりかい？）" と尋ね、手を差し出す。アンディはその蛆虫をその老人に手渡すと、老人は胸ポケットに忍び込ませていたカラスのひな鳥の口に入れる。どうもショーシャンク収容所では、新入りの食事に蛆虫を入れるのが慣例になっているようだ。老人はそれを知っていて、ひな鳥をポケットに忍ばせて食堂に持ってきていたのだ。食堂の場でも、新入り服役囚への嫌がらせは情け容赦ない。

服役囚たちが朝食に食べるオートミールは、乾燥加熱した燕麦（えんばく）を平らに押しつぶして砕き、水または牛乳などで粥（かゆ）のように柔らかく煮て食べる。イギリスではポリッジ（porridge）と呼ぶ。タンパク質やビタミン B などの栄養素が多く含まれ消化に良いため、幼児や病人の食事としても用いられる。シリアルの原形で、ヨーロッパやアメリカの人々のソウル・

フードだ。

オートミールに含まれている糖質はお米の半分以下で、食物繊維が豊富なため、近年は健康ダイエット食品としても注目されている。服役囚が食べているオートミールは牛乳と砂糖で煮詰めたものだ。本編後半部の食事の場面では、プレートの上にハム、豆、コーンポテトサラダ、パン、フルーツなどが乗り、最初の頃に比べて質も種類も豊富になる。時代の流れの中で、服役囚の食事が改善されるのがわかる。

3》タバコがあれば何でも手に入る

刑務所の中でタバコが吸えるというのは意外な気がするが、この時代のアメリカの刑務所では、タバコの配給は一般的であった。またタバコは、刑務所の中でお金の役割も果たしていた。タバコを使った物々交換で、意外なものまで手に入れることができた。

例えばアンディは、ミニチュアのハンマーを手に入れてほしいとレッドに頼む。このとき、レッドはタバコ二箱でミニチュアのハンマーを手に入れる。ミニチュアのハンマーは、レッドから図書係のブルックス(Brooks)を経由してアンディの手元に届く。レッドは、この図書係にも手数料としてタバコを一箱渡す。そして図書係のブルックスは次のように言って、アンディに本と一緒にミニチュアのハンマーを手渡す。

Brooks:　Dufresne, here's your book.
ブルックス：　デュフレイン、ほら本だ。

here's ～は、「ほら～だ。」の意味で口語では頻繁に使われる。英語を話す機会があったら、ぜひ使って自分の言葉にしてしまおう。語学上達の秘訣だ。

★英語ワンポイント・レッスン “Here’s your book!”

Here he comes.「ほら彼が来た。」
Here you are.「はい、どうぞ。」
Here we are.「さあ、着きました。」
John Smith here.「こちらはジョン・スミスです」（電話を受け取る時に）
Here, don’t cry.「ねえ、泣かないで。」
Here! Stop talking.「やめろ、話をするな！」

タバコの原種は、アメリカのアンデス山脈に自生していたと考えられており、コロンブスが西インド諸島に上陸した 1492 年、初めてヨーロッパ人が目にした物の一つがタバコであった。その後タバコは、ヨーロッパやアメリカ、アジア、アフリカと、世界各地に広まる。16 世紀初めにはすでに 2 種類のタバコが栽培されていた。16 世紀後半には日本にも伝わり栽培され、17 世紀初めには日本中で吸われるようになった。江戸時代には、日本風の「キセル」「タバコ盆」「タバコ入れ」が考案され、当時の風俗画や浮世絵などの中にタバコを吸う美人画が描かれるなど、独自のタバコ文化を作り上げた。嗜好品ではあるが、たかがタバコ、されどタバコである。

服役囚たちに一週間の屋外作業のチャンスが訪れる。工場の屋根を塗り直す作業だ。彼らにとっては外の空気が吸える、またとないチャンスだ。レッドのグループのメンバーたちは作業に参加しようと手を挙げ、全員が選ばれる。レッドがタバコを看守に渡した賄賂の成果だった。この屋根の上での作業中に、看守のハドリー（Hadley）が、遺産を受け取るのに多額の税金を払わなければならないと不満を言っているのを聞いたアンディが、彼に近づき税金逃れの方法があると告げる。最初はそれを信じないハドリーだったが、理解するやいなや態度を変える。そしてアンディは、税金逃れの仕方をただで教える代わりに、作業している仲間たち一人一人に冷えたビールを振る舞うように要求する。看守はアンディの要求を受け入れ、服役囚たちは冷たいビールを飲んで、ひと時の安らぎを楽しむ。そのとき、看守のハードリー（Hadley）が言った台詞である。

Hadley: Drink up while it's cold, ladies.
ハドリー：お嬢さんたち、冷たい内に飲んじゃえよ。

ビールを飲んでいる服役囚は皆、男性だ。その彼らにたいして、看守のハドリーはお嬢さん（ladies）と呼びかける。俗語では、女性的な男性に対して使われるが、相手の男性を馬鹿にしたり茶化したりするときにも用いられる。drink up は「飲み干す」の意味だ。これをきっかけに、看守たちがアンディに金融の相談をするようになる。そして彼がそれに応じるうちに、所長や看守たちはアンディに一目置くおようになる。

4》アップル・パイが意味するもの

1959 年、アンディがショーシャンク刑務所に来てから 12 年が過ぎていた。アンディが州議会に刑務所の改善を訴える手紙を書いたことがきっかけとなって、服役囚たちが読む本の数が増え、図書室も改修されるなど、服役囚の居住環境や処遇改善が進んでいく。

ショーシャンク刑務所の所長ノートン（Norton）は、服役囚たちの公共事業へのボランティア活動と称して、道路の敷設工事を請け負う。ところが、仕事を奪われたと苦情を申し出る業者が現れると、ノートン所長は賄賂を受け取り仕事をその業者に融通する。その時ノートン所長は、業者からアップル・パイの箱に入ったお金を受け取る。そして所長はそのお金を、金融に詳しいアンディにマネー・ロンダリング（Money Laundering: 資金洗浄）させる。それをアンディから聞かされたレッドは、つぎのように言う。

Red: He's got his fingers in a lot of pies, from what I hear.
Andy: He's got scams you haven't even dreamed of. Kickbacks on his kickbacks.
レッド: 話からすると、彼は沢山のパイに指を突っ込んでいるな(悪いことをしているな)。
アンディ:想像以上の悪党だ。自分がもらったリベートにまたリベートを取ってる。

ここでは、「パイに指を突っ込む」は、「悪いことに関与する」の意味で使われている。ノートン所長が貰ったアップル・パイは、アンディを介してレッドも食べる。アップル・パイは、砂糖で煮た林檎をパイ生地で包んで焼いた、アメリカを代表する菓子だ。

★英語ワンポイント・レッスン "apple pie"
アップル・パイがアメリカを代表する菓子ということから、次のような使いかたもされる。
apple-pie「アメリカ独特の」「アメリカ的な」「おやすいご用」
apple pie order「整然とした」

だがパイ(pie)は、俗語として「不正利得」「賄賂」「うまい話」などの比喩的な意味でも使われることがある。パイを渡した道路工事の業者の男の表情から、このパイの俗語の意味を知ったうえでアップル・パイを選び、その下に賄賂としてのお金を忍びこませノートン所長に渡したことがわかる。ノートン所長もこのことはもちろん承知だ。それは、ノートン所長が食べ残しのアップル・パイをアンディに渡すときに、次のように言うことからもわかる。

Norton: Woman can’t bake worth shit.
ノートン：妻ならこんなクソみたいなパイは作らん。

賄賂で大金を手に入れたにもかかわらず、ノートン所長はもらったアップル・パイを酷評する。Woman は俗語で「妻」を意味するので注意が必要だ。そして、レッドの台詞 “He’s got his fingers in a lot of pies, from what I hear.” となる。もちろんレッドは俗語としてのパイの意味を知ったうえで言っているのだ。

5》新入りの服役囚から明かされる真実

それから６年後、アンディの無実が明かされる。新入りの青年服役囚のトミー（Tommy）が、アンディの妻とその愛人を殺した真犯人から、直接、話を聞いていたのだ。トミーは高校卒業の資格を得るために、服役しながら、アンディから勉強の指導を受けていた。恩義を感じたトミーは、真犯人が語ったことをすべてアンディに話す。アンディはノートン所長にトミーの話を伝え、再審の手続きを取って欲しいと頼むが、逆に独房に入れられてしまう。

この後、話は急展開する。観ている側の興味をぐいぐい引き込む、原作者スティーヴン・キングならではの力の見せ所だ。彼はホラーの帝王として「スタンド・バイ・ミー」「ミスト」をはじめ数多くの作品を世に出し、映画界に新風を吹き込んでいる。

本作品最後のくだりは、スティーヴン・キングが視聴者に最も問いたい所だろう。釈放され刑務所を出ていく人々が味わう喪失感と、その人がこれからの人生をどう生きるかということ。釈放されたからといって、味わうのは実は解放感ではないことを、レッドは次のように言う。

Red: There's a harsh truth to face. No way I'm going to make it on the outside. All I do anymore is think of ways to break my parole...so maybe they'd send me back. Terrible thing, to live in fear. Brooks Hatlen knew it. Knew it all too well. All I want is to be back where thins make sense. Where I won't have to be afraid all the time.

レッド：厳しい現実に向き合わなければならない。まさか俺が刑務所の外に出てこんなことを考えようとは。俺に残された道は、仮釈放が取り消される方法を見つけること…。そうすれば、おれはまた刑務所に戻れるだろう。恐怖の中で生きていくなんて、まっぴらだ。ブルックスはそれがわかってたんだ。知りすぎていたんだ。俺が今望むことは、罪に意味がある世界に戻ることだ。そこでは恐れる必要がないのだから。

30 年以上の刑を終えて、やっと出所できたレッドだが、暴力や不正がはびこる刑務所に再び戻ることで救われるという。いったい何から救われるというのだろうか。人は、何十年にも渡って服役することによって、人としての思考や感情が停止してしまう。そして社会の中で生きる術を失ってしまうのだろうか。

ブルックスは、長年の刑を終えて晴れて出所したにもかかわらず、“Brooks was here（ブルックスはここにありき）”という言葉を残して自らの命を絶つ。過酷な刑務所での生活と、そこから解放される服役囚が味わう思いがけない喪失感を観る側に問うている。心に残る名作だ。

英音声・英字幕で英会話学習！ 「コンテクスト・アプローチ」
文脈を手がかりにすれば、英語力不足なんて怖くない！

文脈１．冤罪（妻とその愛人殺し）で２回の終身刑となるアンディ。
文脈２．アンディとレッドの友情。
文脈３．不当な扱いや暴行を受けるアンディと服役囚たち。
文脈４．看守や所長に協力をして収容所の環境改善に努めるアンディ。
文脈５．隔離された収容所の異常さに麻痺し、出所しても社会に馴染めず苦悩する元服役囚。

《第 12 話》

嘘でもいいから デジタル世界の料理が食べたい

『マトリックス』

ステーキ、クッキー

原題：Matrix　アメリカ映画・1999 年

公開当時、一世を風靡した SF アクション映画『マトリックス』（原題：Matrix・1999 年）は、2199 年の近未来の地球の話である。進化し自我をもった AI（Artificial Intelligence：人口知能）と人類が戦争を始める。その結果、人間は敗れ AI に支配されてしまうという設定だ。

キアヌ・リーヴス（Keanu Reeves）が演じる主人公のアンダーソン（Anderson）は、表向きは有能なコンピューター・プログラマーとして働く一方、ネオ（Neo）という別名でコンピューター・ハッカーとしての顔をもつ。だが、ネオが現実と思っている世界は、実は AI によって作られた架空の仮想現実の世界であると、モーフィアス（Morpheus）によって明かされる。そしてモーフィアスは、ネオが人類を AI から解放する救世主であると信じている。

ウォシャウスキー姉妹（Lana and Lilly Wachowski sisters）が脚本、監督を務め、この後も続編３作品が作られている。

1》AI の進化の先にある "MATRIX" の仮想現実の世界

私たちが生きる現在の社会は、すでに AI に多くを依存している。さらにこの先の未来では AI がより進化し、自我をもつようになると本作品は予測する。そして人間の存在までも危うくする脅威となるという設定だ。しかし、作中では強烈なアクションシーンや見事なコンピューター・グラフィックスに目が奪われ、また字幕の字数制限もあって、視聴者が物語の内容やメッセージを十分に理解できずにいるのではないだろうか。

そこで作中の食べ物に着目することで、予想外のメッセージを読み取ることができ、そこから理解が進み、作品の奥深さを味わうことができるにちがいない。特にアクション映画では、食事風景はあまり描かれないので、僅かに描かれる場面から興味深いメッセージを読み取ることができると、思いがけない楽しみに得をしたような気分になるだろう。

Matrix の語源はラテン語の mater（母）に由来し、「母体」「基盤」「行列・配列」「機械的に再生されるもの」の意味である。コンピューター用語として座標変換式を意味し、この映画では現実を座標変換式によって仮想現実に変えていくシステムのことをいう。

映画の中の随所で、コンピューターのモニターに映し出される縦に流れる緑色のコードがそのシステムだ。このコードをよく見ると日本語のカタカナの文字列であることに気が付くだろう。このコンピューターが作りだした仮想現実の世界が "MATRIX" だ。ちなみに本作品の中で、Matrix は [メイトリックス] と二重母音で発音されているので注意されたい。

2》人間の実態

現実の世界で、AI との戦いに負けた人間は、機械のエネルギー源として巨大な工場で栽培されている。つまり人間の身体はエネルギーを産み出すただの物質として生産され、利用されている。そして人間の受精卵が大人の体になるまで、母体の羊水と同じ成分の液体の中で栽培される。人間が栽培され成長する過程において、自分の本当の姿や現実を認識しないように、AI が架空の仮想現実の世界を作り、その世界の情報を一人一人の首の後ろから脳神経に直接入力し、脳内処理をさせている。言いかえれば、人間の脳の中に、まったく実体のない数式の仮想世界を入力し介入することで、人間の認知機能の中に偽りの現実を作り出す。その仮想現実を映像化した MATRIX の世界を、われわれ人間は現実だと思いこんでいる。

すなわち、この世界は、AI によって見せられている架空の世界であり、現実の人間は工場で栽培され、成長すると機械のためのエネルギー源として処理される運命にある。実に奇抜で衝撃的な発想だ。

3》登場人物の名前が意味するもの

人工知能が暴走して核戦争を引き起こし、苦しむ人間を支配する暗い未来世界を描く一方で、救世主が現われて人間を救おうとするストーリーは、キリスト教的な宗教観で作られている。そのことは登場人物たちの名前の命名に示されている。

主人公アンダーソンの別名ネオ（Neo）は、ギリシャ語に語源をもち「新しい」「復活した」を意味する。人間集団を率いて AI と戦うモーフィアス（Morpheus）の名前の由来は、ギリシャ神話の夢の神「モルフェウス」である。ネオを愛するトリニティ（Trinity）は、カトリックと英国国教会における、父なる神、子なる神、そして聖霊の「三位一体」の教義を意味する。サイファー（Cypher）は暗号を意味し、彼が怪しい人物であることを示している。

このサイファーが仮想現実の安逸な世界に逃避したくて仲間たちを裏切り、人間を支配する AI 側に寝返る。

4》嘘でもいいからデジタル世界の料理が食べたい

サイファーは MATRIX の世界に入り込み、高級レストランで AI のエージェント、スミス（Smith）から極厚のステーキとワインをご馳走になり満足する。

このレストランもステーキもワインも全て仮想現実だ。もちろんサイファーはこれらが偽りであることを知っているが、それでも満足そうに食べる。そして少数の人類が避難しているザイアスへのアクセスコードの情報を、モーフィアスから盗み出せとスミスから依頼される。その代わりサイファーは、MATRIX の世界の自分を、豪華な食事が食べられる裕福な人間に設定するようにスミスに交換条件を提示する。サイファーは、AI 側に寝返る理由を、次のようにトリニティに言う。

Cypher: I'm tired, Trinity. I'm tired of this war. I'm tired of fighting. I'm tired of this ship, being cold, of eating the same goddamn goop every day.

サイファー：俺は疲れたんだよ、トリニティ。この戦争、戦いには飽き飽きしたんだ。この船にも、この寒さにも、そして毎日毎日ヘドみたいなやつを食べるのもウンザリだ。

★英語ワンポイント・レッスン　“I'm tired of this war.”

“I'm tired of this war.”
　from と of とでは意味が違う
　　be tired (from): 疲れている (～に)
　　be tired of: ～に飽きる、うんざりする
　その他に
　　be made from ～（原料）から作られる
　　be made of ～　（材料）から作られる

＊前置詞の from は「プロセス」を、of は「所属」を表す。
from は経過の過程が複雑である。

5》サイファーの裏切り

サイファーが仲間たちを裏切り、次々と殺していく場面だ。

Cypher: If I had to choose between that and The Matrix…I'd choose the Matrix.
サイファー：ここマトリックのどちらかを選ばなければならないとしたら、俺はマトリックを選ぶよ。

MATRIX の世界は AI によって作られた実在しない架空の世界だと分かっていても、現実の厳しい世界を捨てて、居心地の良い MATRIX の偽りの世界で暮らしたいというサイファーの気持ちはわからなくもない。弱い人間の本音を代弁している。

★英語ワンポイント・レッスン　"If I had to choose ～"

had toはhave toの過去形だ。If節が過去形のとき、「仮定法過去」になり、主節はI wouldと助動詞willの過去で受ける。仮定法過去は、現在の事実に反することを仮定する（反実仮想）ときに使われる。サイファーは選択する状況ではないことを暗に述べているが、彼はすでにスミスと会って交渉し、選択をしているので、トリニティに嘘を言っていることが分かる。

6》予言者オラクルが言うNoodle（麺）とは

ネオが救世主 (the One) であると信じるモーフィアスは、それを確認するためにネオを予言者のオラクル (Oracle) に会わせようとマトリックスの世界に連れ出す。だがネオ自身は自分が救世主であると信じることができない。オラクルも明確なことはネオに言わない。だがこの時を境にネオは少しずつ覚醒していく。次の台詞は、この時のオラクルの台詞である。

Oracle: What's really going to bake your noodle, later on, is would you still have broken it if I hadn't said anything?

オラクル：この後あなたが悩むとしたら、もし私が何も言わなかったら、果たして自分は花瓶を壊しただろうかということかしら？

noodle「麺」は「脳」を表す意味でも用いられる。bake your noodle「脳をジリジリと焼く」ということから「悩ます」の意味と解釈される。

★英語ワンポイント・レッスン "noodle にまつわる慣用表現"

noodle/ noodle head: ばか、まぬけ

noodle work: 頭を使う仕事、考えること

7》オラクルが焼いたクッキーとは

オラクルはクッキーを焼いてネオを迎える。そしてネオに食べるように促し、次のようにいう。

Oracle: Here, take a cookie. I promise by the time you're done eating it…you'll feel right as rain.

オラクル：さぁ、クッキーを食べて。これを食べ終わる頃には、きっと体調は完璧になるはずよ。

as right as rain で「体調が完璧になる」の慣用表現だ。

★英語ワンポイント・レッスン "rain「雨」にまつわる慣用表現"

Rain cats and dogs. どしゃ降り

a rain check 雨天順延券

"My husband wants to meet you."

夫があなたに会いたがっています。

"I'll take a rain check."

次にお願いします。（招待を断り、次の機会を約束する）

cookie は焼き菓子のクッキーの意味で使われる一方で、インターネッ

ト用語としても使われる。実際、ネット検索をして、それ以上の情報が欲しいとき、自分のネット情報を情報提供者に与えるか否かを尋ねてくることがある。その時に使われるのが cookie だ。予言者オラクルが焼いたクッキーをネオが食べると、オラクルが持っている予言者の情報をネオは容易に得ることになる。それがきっかけとなって、ネオは救世主として覚醒していくことになる。この後の覚醒していくネオには目が離せない。

★英語ワンポイント・レッスン　"No way!"

"No way!" は、意外なことに驚いて「まさか！」「ありえない！」という時に使われる口語表現だ。日本人は "Really ！ " を連発するが、時には "No way" も使ってみたい。以下はネオが危険を冒してマトリックスの世界に戻ろうとするネオにトリニティがいう台詞だ。

There is no way that you're going back in.

戻るなんてとんでもない。

英音声・英字幕で英会話学習！「コンテクスト・アプローチ」
文脈を手がかりにすれば、英語力不足なんて怖くない！

文脈 1．AI が作り出す MATRIX の仮想現実の実態を知る人間と AI との戦い。

文脈 2．現実世界の事実を知る人間達が仲間を集めゲリラ戦を準備し MATRIX の世界に挑む。

文脈 3．救世主（the One）として選ばれた Neo が、真実を知るにつれて自分の能力に目覚める。

文脈 4．Neo と Trinity の愛。

❖本書で取り上げた映画・TV ドラマ

＊本書掲出順に邦題、原題、監督、公開年（放送年）、制作国・制作会社、日本公開年等を掲げた。

第 1 話
『アンという名の少女〈シーズン 1・全 7 話〉』TV ドラマ　原題：Anne（シーズン 2 以降　Anne with an "E"） 2019 年放送　カナダ CBC（日本放映 2020 年 9 ～ 11 月、NHK 総合）

第 2 話
『ヘルプ―心がつなぐストーリー―』　原題：The Help　監督：テイト・テイラー Tate Taylor　2011 年公開　アメリカ映画（日本公開 2012 年）

第 3 話
『レベッカ』　原題 Rebecca　監督：アルフレッド・ヒッチコック Sir Alfred Joseph Hitchcock　1940 年公開　アメリカ映画（日本公開 1951 年）

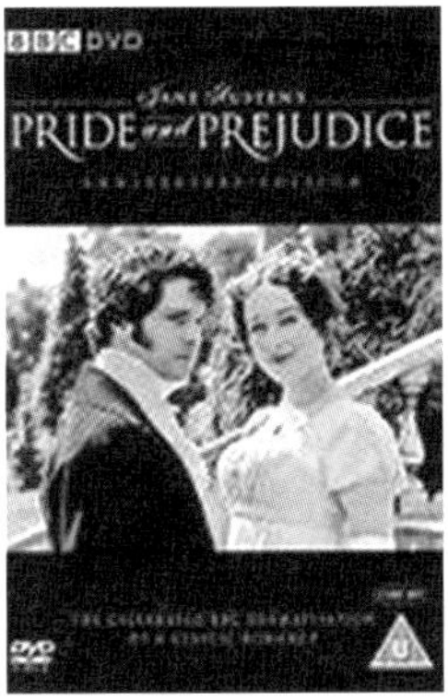

第4話
『**高慢と偏見**』TVドラマ　原題：Pride and Prejudice　監督：サイモン・ラングドンほか　1995年9～10月放送　イギリスBBC（日本公開？年）

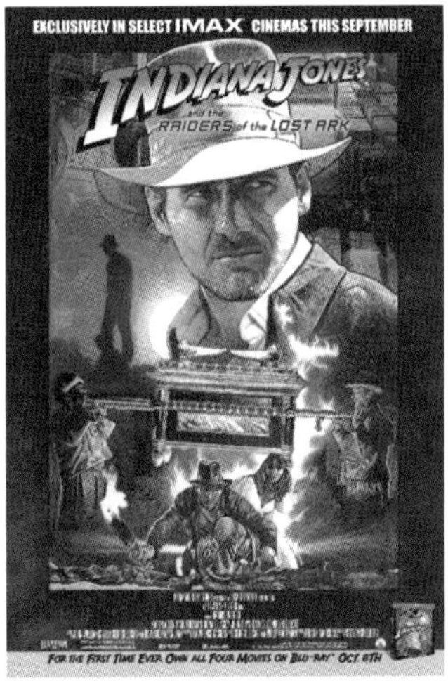

第5話
『**〈インディー・ジョーンズ〉レイダーズ／失われたアーク《聖櫃》**』　原題：〈Indiana Jones〉Raiders of the Lost Ark　監督：スティーヴン・スピルバーグ Steven Spielberg　1981年公開　アメリカ映画（日本公開1981年）

第6話
『**ターミナル**』　原題：The Terminal　監督：スティーヴン・スピルバーグ Steven Spielberg　2004年公開　アメリカ映画（日本公開2004年）

第7話
『フォレスト・ガンプ　一期一会』　原題：Forrest Gump　監督：ロバート・リー・ゼメキス Robert Lee Zemeckis　1994 年公開　アメリカ映画（日本公開 1995 年）

第8話
『プラダを着た悪魔』　原題：The Devil Wears Prada　監督：デヴィッド・フランケル David Frankel　2006 年公開　アメリカ映画（日本公開 2006 年）

第9話
『リトルダンサー』　原題：Billy Elliot　監督：スティーブン・ダルドリー Stephen David Daldry　2000 年公開　イギリス映画（日本公開 2001 年）

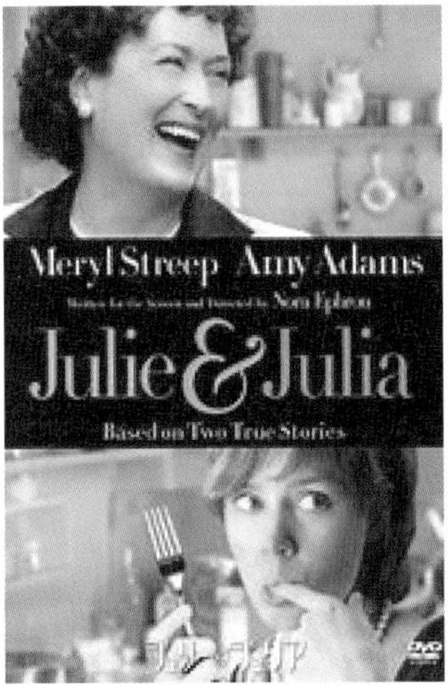

第 10 話
『ジュリー&ジュリア』 原題：Julie & Julia 監督：ノーラ・エフロン Nora Ephron 2009 年公開 アメリカ映画（日本公開 2009 年）

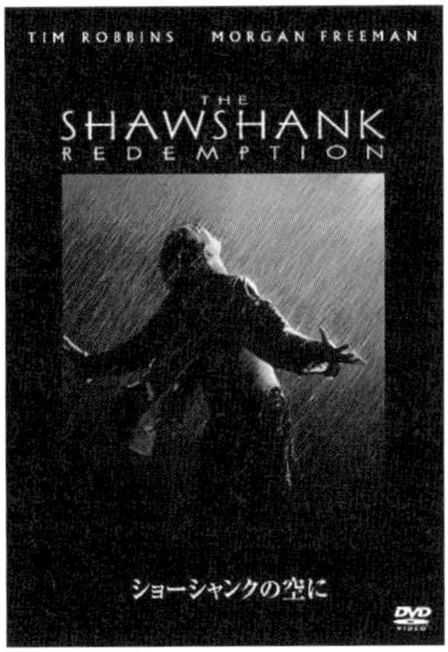

第 11 話
『ショーシャンクの空に』 原題：The Shawshank Redemption 監督：フランク・ダラボン Frank Darabont 1994 年公開 アメリカ映画（日本公開 1995 年）

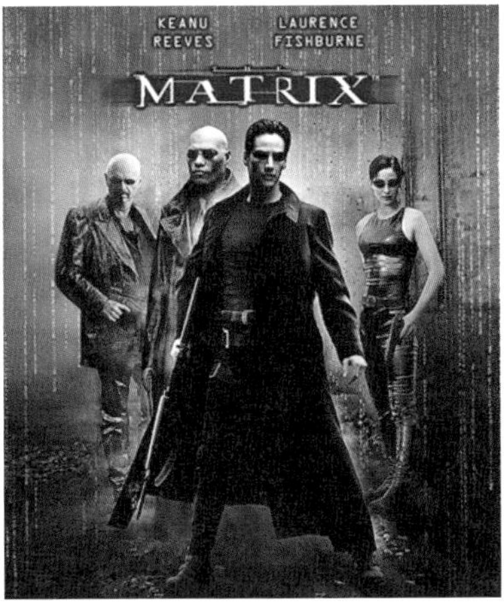

第 12 話
『マトリックス』 原題：The Matrix 監督：ラナ&リリー・ウォシャウスキー姉妹 Lana and Lilly Wachowski sisters 1999 年公開 アメリカ映画（日本公開 1999 年）

参考資料

『詳説世界史図録（第４版）』山川出版社　2021 年
『詳説日本史図録（第６版）』山川出版社　2015 年
藤枝理子『「ひとり」の時間がいい人生をつくる』「PHP」2023 年３月号　2023 年
Jane Austen. 1813 "Pride and Prejudice."（『自負と偏見』　中野好夫訳 1963 年）
Jane Austen. 1811 "*Sense and Sensibility*."
Julie Powell. 2005 "*Julie & Julia: 365 Days, 524 Recipes, 1 Tiny Apartment Kitchen.*" Little, Brown and Company
Kathryn Stockett. 2009. "*The Help*." Penguin.
L・M・Montgomery. 1908. "*Anne of Green Gables*".（『赤毛のアン』村岡花子訳 .1952 年）
Lauren Wiesenberger. 2003. "*The Devil Wears Prada*." Random House.
Paul Grice. 1975. "*Studies in the Way of Word*." Harvard UniversityPress, Cambridge, Massachusetts, London
Stephen King. 1982. "*Rita Hayworth and Shawshank Redemption.*" Hodder Paperback
Winston Groom.1985. "*Forrest Gump*." Penguin Readers (Graded Readers)
『広辞苑（第６版）』岩波書店　2008 年
『明鏡国語辞典（第二版）』大修館　2010 年
『ブリタニカ国際大百科事典』TBS ブリタニカ　1973 年
『新英和大辞典（第６版）』研究社　2002 年
『ランダムハウス英和大辞典（第２版）』小学館　1993 年
『リーダーズ英和辞典（第３版）』研究社　2012 年
『リーダーズ・プラス』研究社　1994 年
『ジーニアス英和大辞典』大修館　2001 年
『新編英和活用大辞典』研究社　1997 年
『新和英大辞典（電子増補版）』研究社　2005 年
"Collins COBUILD Advanced Dictionary of English." 2008. センゲージ・ラーニング
"Collins Compact Thesaurus 3rd edition." 2006. センゲージ・ラーニング
"Oxford Dictionary of English 2nd edition." 2005. Oxford University Press.
JT ウェブサイト .「たばこの歴史」(https://www.jti.co.jp/tobacco/knowledge/society/history/world/01_1.htm.)2023.5.30 参照
藤枝理子「茶の湯への憧れとアフタヌーンティー」2022 年 (https://ukwalker.jp/gourmet/7009/). 2023.5.29 参照

あとがきにかえて

映画製作の小道具として食べ物や食事風景を使うとき、製作者はその食べ物に何らかのメッセージを込めている。何の意図もなく使うとは考えにくい。だから食べ物に託された隠れたメッセージを見逃さず丁寧に読み取ると、予想外の展開が見えて楽しさも倍増するだろう。その時は、オリジナルの英語音声や英語字幕で視聴したい。もちろん英語力に不安はあるだろう。はじめから 100％の聞き取りを求めず、くり返し視聴することで 100％に近づけば良い。映画や TV ドラマほど、安価で手っ取り早く、英会話を上達させるものはない。いつの日か、英語で話す自分の口から、無意識のうちに出たフレーズに、「あの映画の、あの場面の、あの台詞」と気付いたならば、これほどの達成感はないだろう。

本書の執筆にあたり（株）メトロポリタンプレスの堀川さんにお世話になりました。この場をお借りして感謝申し上げます。

大月敦子（おおつき あつこ）

名古屋大学大学院博士後期課程満期退学。
専門は英語学、言語学、英語教育、異文化コミュニケーションなど。
現在、専修大学商学部兼任講師。映像メディア英語教育学会東日本支部元副支部長ほか。
[著書]『動詞キューワードで学ぶアクティヴラーニング 英会話ワークブック』『動詞キューワードで学ぶアクティヴラーニング 英会話ワークブック 基礎編』（メトロポリタンプレス）ほか。

シネマでなりきり英会話 **銀幕でお食事を**

2023年12月8日 第1刷
著 者 大月敦子
発行者 深澤徹也
発行所 株式会社メトロポリタンプレス
〒174-0042 東京都板橋区東坂下2-4-15 TKビル1階
電話 03-5918-8461 Fax 03-5918-8463
https://www.metpress.co.jp

印刷・製本 株式会社ティーケー出版印刷

ISBN978-4-909908-98-8 C0082